우리 뇌는 어떻게 창조하는가

우리 뇌는

어떻게
창조하는가

인공지능과 뇌과학으로 본
인간의 호기심과 창의성의 기원

다이코쿠 다츠야 지음 | 김정환 옮김

뇌과학자로서 나는 현재 뇌신경 과학, 심리학 그리고 인공지능을 통한 음악적인 예술성에 관해 연구하고 있다. 특히 인간의 개성과 창조성, 재능, 예술은 어디에서 탄생하며 어떻게 발달하고 성장하는지가 주요 관심 분야다.

우리가 음악을 듣고 감동했을 때를 떠올려보자. 집에 앉아서 스피커를 통해 음악을 들었을 때보다 공연장에서 음악가의 연주나 노래를 들었을 때 더 크게 감동하지 않았는가? 혹은 피아니스트가 악보대로 정확히 연주할 때보다 박자를 조절해가며 감정을 담아 자기만의 해석으로 연주할 때 더 감동하지 않았는가? 이것은 내가 연구하고 있는 '불확실성에서 오는 마음의 동요(흔들림)'와 관련이 있다. 그렇다면 불확실한 것에서 오는 마음의 동요란 대체 무슨 말일까?

먼저 인간이 어떤 것에 감동하는지 생각해보자. 기본적으로 사람의 뇌는 새로운 것을 계속 접하면 그 정보를 처리하는 데 많은 에너지가 필요하므로 빠르게 지친다. 반대로 너무 뻔한 것만 계속 접해도 뇌는 지겨워한다. 즉 인간은 뭐라고 정확하게 설명하기 어렵지만, 지나치게 예측을 벗어나지도 않고 그렇다고 해서 너무 당연하지도 않은, 이른바 '미묘한 벗어남'에 감동하는 것이다.

공부도 비슷하다. 대학 입시생에게 도무지 이해되지 않는 대학원 수준의 문제를 풀게 한다면 공부할 의욕이 생기지 않을 것이다. 반대로 덧셈 문제만 잔뜩 풀게 해도 의욕이 떨어질 것이다. 결국 우리는 어느 정도는 알지만 정확히는 잘 모르는, 즉 예측이나 경험으로부터 미묘하게 벗어난 문제에 몰두할 때 지적 호기심을 자극하고 감동과 기쁨을 느낀다.

음악도 이와 같다. 피아노를 연주할 때 전문 연주자는 충분한 연습을 했기 때문에 정확하고 안정된 음악(불확실성이 낮은 음악)을 구사할 수 있다. 그래서 조금은 벗어난 음악(불확실성이 높은 음악)으로 변주할 줄 안다. 그리고 지나치게 벗어났을(불확실성이 과도하게 증가했을) 때는 다시 정확하고 안정적인 음악으로 되돌아갈 수 있다.

전문 연주자는 이렇게 변화와 수정을 적절히 이용해 미묘한 벗어남을 만들어낸다. 연주자가 변주를 통해 만들어낸 미묘한 벗어남의 반복이 바로 '흔들림(불확실성에서 오는 마음의 동요)'이며, 이 흔들림이야말로 독창적이면서 창조성이 높은 연주를 만드는 것이다.

한편 초보 연주자는 애초에 벗어남이 발생하더라도 알아차리지 못하기 때문에 '흔들림'을 만들어내지 못한다. 흔들림의 세계에서 놀지 못하고 악보대로 정확히 연주하는 데 모든 에너지를 쏟아붓는다. 또한 충분히 연습하지 않은 상태에서 독창적인 것이 중요하다고만 생각해 엉뚱한 행동을 하기도 한다. 이것은 단순히 새로운 것일 뿐 미묘한 벗어남이나 흔들림의 세계에서 노는 예술과는 의미가 조금 다르다고도 할 수 있다. 다만 예술이 아니라고 단언할 수는 없다.

이와 같이 기계처럼 정확히 연주하는 단계를 넘어 완벽하게 연주할 수 있는 단계에 도달했을 때 비로소 '흔들림'이 탄생하며, 여기에 개성이나 창조성, 예술적 감성이 깃드는 것이다.

현재 나는 이 흔들림에서 만들어지는 개성과 창조성에 관해 연구하고 있다. 조금 더 자세히 설명하자면 흔들림을 만들어내는 뇌의 학습 시스템인 '통계 학습'에 주목하고 있다.

아마도 뇌의 통계 학습이라는 말 자체를 처음 들어 본 사람도 많지 않을까 싶다. 통계 학습에 관해서는 이 책의 본문에서 자세히 설명하기로 하고 간단하게만 소개하겠다. 통계 학습이란 '다음에 무슨 일이 일어날 것인가?'의 확률을 무의식적으로 계산해 파악하고 예측하는 뇌의 기능이자 시스템을 말한다. 우리 인간은 사회 환경 속에서 위험을 적절히 감지하며 안전하게 살아가기 위해 이 통계 학습을 이용하고 있다. 그리고 통계 학습은 살고 있는 환경 속에서 일어나는 여러 가지 현상에 대한 예측의 불확실성을 낮추는 역할을 한다.

통계 학습은 인간의 사고와 행동에 막대한 영향을 끼친다고 알려졌지만 지금까지 오랫동안 연구자들 사이에서도 수수께끼에 싸여 있었다. 통계 학습은 무의식적으로 실행되는, 즉 잠재의식 속에서 진행되는 뇌의 학습이기 때문이다. 다만 현재는 과학 기술의 발달로 뇌의 활동을 측정하는 기술이 빠른 속도로 향상해서 무의식과 잠재의식에 관한 많은 사실이 밝혀졌다. 그 결과 최근 들어 통계 학습이 주목받기 시작했다.

또한 통계 학습은 뇌신경 과학이나 심리학의 영역에 머무르지 않고 컴퓨터 과학이나 인공지능 분야에서도 주목받고 있다. '통계(확률의 계산)'라는 명칭이 붙은 것에서 짐작할 수 있듯이 컴퓨터로 모델화하기 쉽기 때문이다. 다만 뇌신경 과학이나 심리학 등에서 사용되는 정의와 컴퓨터 과학에서 사용되는 정의에는 다소 차이가 있다.

통계 학습의 불확실성에서 오는 마음의 동요에서 탄생하는 개성과 창조성에 관한 연구의 방법은 상당히 폭넓은 편이다. 뇌신경과학적인 방법뿐만 아니라 전자 악보의 해석을 통한 음악 이론이나 모델의 구축 또는 계산 모델을 사용한 인공지능 작곡 등도 있다. 이런 연구 분야는 '디지털 인문학'이라고 부르는 연구 영역을 포함한다. 아직 새로운 분야지만 매우 중요한 접근법 중 하나로 세계적으로 확산하고 있는 추세다.

이 책에서 말하고자 하는 것은 인간은 자신만이 가진 재능을 키워야 한다는 것이다. 여기서 "재능이란 무엇인가?"라는 질문에는 다양한 대답이 존재하며 딱 잘라 표현하기 어려울 것이다. 그러나 굳이 한마디로 정리해보자면 '평가되는 개성'을 재능이라고 할 수 있지 않을까 싶다. 사람은 저마다 개성을 갖고 있다. 그리고 개성에는 나쁜 개성과 좋은 개성이 있다. 같은 개성이라도 어떤 집단에서는 긍정적으로 평가되지만 또 어떤 집단에서는 부정적으로 평가받는 일도 종종 일어난다. 여기서 긍정적으로 평가받는 쪽을 사람들은 재능이라고 부르는 것이다.

개성을 모두 재능이라고 부를 수는 없지만, 개성이 없다면 재능이 될 수 없다. 그렇다면 재능을 키우기 위해서는 먼저 개성이란 무엇인지 이해하는 게 중요하지 않을까? 그래서 나는 인간의 뇌에서 생기는 동요, 즉 흔들림에서 탄생하는 '개성'이라는 것을 먼저 이해하고, 그 개성을 키우는 데 도움을 주고 싶어 연구를 계속하고 있다. 어렸을 때부터 나는 바로크, 낭만파, 현대음악 등 다양한 음악에 심취해 있었다. 10대 때는 작곡가가 되고 싶어 음악대학에 진학하려고 했다. 나 자신이 누구보다 개성이나 재능에 관해 깊은 관심을 가졌던 사람이기도 하다.

이 책의 제1장 '뇌의 통계 학습이란 무엇인가'에서는 인간의 뇌가 실행하는 통계 학습의 기본적인 기능이자 시스템에 관해 이야기한다. 제2장에서는 뇌가 통계 학습한 내용이 어떻게 기억되고 변환되며 또 어떻게 '흔들림'이 만들어지는지를 이야기했다. 제3장에서는 흔들림의 열쇠가 되는 '벗어남'을 인식하는 힘과 동기motivation에 관해 주목하며, 제4장에서는 뇌의 통계 학습을 사고思考의 관점에서 이야기한다. 수렴적 사고와 확산적 사고라는 두 가지 유형의 사고와 여기서 탄생하는 흔들림이 어떻게 창조적인 활동이나 획기적인 발명과 발견으로 이어지는지를 설명하고 있다.

마지막인 제5장에서는 인간다움이란 무엇인지, 인공지능이 따라잡기에는 아직 갈 길이 먼 인간의 능력은 무엇인지, 그리고 앞으로의 시대에는 무엇을 중요하게 여겨야 할지를 다뤘다. 나는 뇌신경 과학을 통해 인간의 개성과 창조성을 연구하고 있지만 이때 인공지능을 사용하는 경우도 종종 있다. 그 과정에서 인간의 뇌와 인공지능의 차이는 무엇인지, 인공지능은 하지 못하지만 인간만이 할 수 있는 것은 무엇인지에 관한 근원적인 의문을 품게 되었다. 그래서 그간 연구를 통해 느꼈던 인공지능 시대에 중요한 인간다움과 인간이 인공지능보다 더 잘하는 것은 무엇인지 마지막 장에서 이야기했다.

제5장은 통계 학습 같은 전문 분야와 가장 거리가 먼 내용으로 되도록 어렵지 않게 이야기하려 했다. 제1~4장에서는 전문적인 내용을 누구나 이해하기 쉽게 전하고자 최대한 노력했지만, 그럼에도 어렵다고 생각하는 독자가 있을지도 모른다. 그렇

게 느꼈다면 제5장부터 읽어줬으면 한다. 너무 어렵다(불확실성이 너무 높다)고 생각되는 것에는 흥미나 호기심을 느끼기가 어려운 법이다. 하지만 너무 간단하다(불확실성이 너무 낮다)고 느끼는 것에는 쉽게 싫증을 내고 만다. 그 사이에 있는 '미묘한 흔들림'을 기분 좋게 느껴보자. 어렵게 느껴진다면 우선 이해하기 쉽다고 생각되는 문장을 읽어보고, 또 이해하게 되었다면 그보다 약간 어렵다고 생각되는 문장을 보면서 '불확실성에서 오는 마음의 동요'를 만들자. 그러면 흥미를 잃지 않으면서 내용을 잘 이해할 수 있을 것이다.

　이 책이 인공지능 시대에 자신의 재능을 키울 뿐만 아니라 인간의 가능성을 이해하는 데 도움이 되기를 바란다.

다이코쿠 다츠야

목차

제3장 본질을 아는 것, 의욕을 갖는 것

제1장

뇌의 통계 학습이란 무엇인가

효율적으로 살기 위한
뇌의 시스템

◎ 우리 뇌는 편해지고 싶어 한다

오늘 하루 나는 어떤 행동을 했고, 또 무엇을 느끼면서 기뻐했는지 생각해보자. 다음은 회사원 A가 하루 동안 겪은 일이다.

❶ 아침 출근길에 파란 불이 들어와 건널목을 건너려는 순간 신호를 무시한 채 달리는 자동차에 치일 뻔해 깜짝 놀랐다.

❷ 출근길에 역을 향해서 걷다가 돌부리에 걸려서 넘어질 뻔해 당황했다.

❸ 퇴근길에 후배에게 생각지도 못한 선물을 받아 기뻤다.

회사원 A처럼 여러 가지 일을 떠올리는 사람이 있는가 하면, '오늘은 아무 일도 없었어'라고 생각하는 사람도 있을 것이다. 그러나 아무 일도 없었다고 생각했더라도 특별히 의식하지 않았을 뿐이지 우리는 사실 여러 가지 행동을 하고 있다. 이를테면 아침을 떠올려보자. 알람 소리에 눈을 뜨면 일어나 세수를 하고, 옷을 갈아입은 다음 아침밥을 먹고 집을 나선다. 혼자 산다면 문도 잠근다. 그 후에도 지하철역이나 버스정류장까지 걸어가 대중교통을 타고 직장에 가거나 자전거를 타고 장을 보러 간다. 또한 이런 모든 행동에는 걷거나 물건을 잡는 동작 등 매우 복잡한 움직임이 많이 포함되어 있지만, 우리는 특별히 하나하나 의식하지 않는다.

책의 첫머리에 이 이야기를 한 이유는 이 책에서 말하고자 하는 내용 가운데 중요한 요소인 통계 학습에 관해 설명하기 위해서다. 그렇다면 통계 학습이란 대체 무엇인가? 간단히 설명하자면, 통계 학습은 우리 주변에서 일어나는 다양한 현상의 확률을 자동으로 계산해 정리하는 뇌의 기능이자 시스템이다.

인간은 뇌의 통계 학습을 통해 불안정하고 불확실한 현상의 확률을 계산함으로써 주변 환경의 확률 분포를 정확히 파악하려 한다. 그것을 파악하면 다음에 어떤 일이 어느 정도의 확률로 일어날 수 있는지를 예측하기 쉬워지기 때문이다. 그래서 우리는 일어날 확률이 낮은 현상은 무시하고 일어날 확률이 높은 현상만을 위험 요소로 파악해 주의를 기울일 수 있게 된다. 외부의 모든 현상에 대해 일일이 두려움에 떨 필요가 없어지는 것이다. 결국 우리는 사회 환경에서 위험을 적절히 감지하며 안심하고 살 수 있게 된다.

장점은 이것만이 아니다. 뇌의 에너지 효율이 향상된다는 점도 있다. 통계 학습을 통해 예측의 정밀도가 높아지면 경계해야 할 현상에만 뇌의 에너지를 사용하고 다른 것에는 신경 쓰지 않아도 된다. 이에 따라 불필요하게 에너지를 쓸 필요가 없어진다. 결론적으로 뇌는 안정을 추구하며 더 편해지고 싶어 한다고 할 수 있다.

● 통계 학습은 뇌의 보편적인 시스템이다

통계 학습은 인간이 태어날 때부터 지니고 있는 뇌의 학습 시스템으로 알려져 있다. 그런 까닭에 '학습'이라는 표현이 사용되었지만 학교에서 배우는 학습과는 의미가 다르다. 학교에서의 학습은 의식적으로 시행되는 반면 통계 학습은 무의식중에 자동으로, 제멋대로 뇌가 배운다는 의미에 가깝다.

· 통계 학습 시스템의 원리 ·

우리 주변에서 일어나는 다양한 현상의 확률을
자동으로 계산해 정리하는 뇌의 기능 시스템

↓ 이 시스템으로

무의식중에 확률을 계산한다

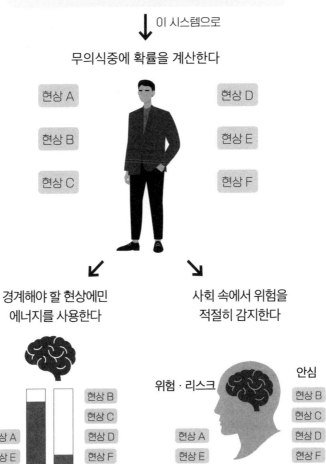

현상 A

현상 B

현상 C

현상 D

현상 E

현상 F

경계해야 할 현상에만
에너지를 사용한다

사회 속에서 위험을
적절히 감지한다

현상 B
현상 C
현상 D
현상 F

현상 A
현상 E

위험 · 리스크

안심

현상 B
현상 C
현상 D
현상 F

현상 A
현상 E

뇌는 편해지고 싶어 한다

뇌는 안심하고 싶어 한다

통계 학습은 우리가 깨어 있을 때뿐만 아니라 자고 있을 때도 끊임없이 시행되며, 태어나서 죽을 때까지 평생에 걸쳐 지속된 다고 한다. 그리고 원숭이나 새, 설치류(쥐 등) 등 온갖 동물의 뇌 에도 통계 학습 시스템이 갖춰져 있음이 밝혀졌다. 즉 통계 학습 은 생물이 태어날 때부터 갖고 있는 뇌의 가장 보편적인 학습 시 스템이라고 할 수 있다.

❍ 독립적인 뇌의 통계 학습 능력

통계라는 명칭이 붙어 있는 것에서도 짐작할 수 있듯이 뇌는 어 떤 정보를 한눈에 알아보기 쉽게 정리해서 순서대로 학습한다. 이 말을 들으면 수학에 자신 없는 사람은 '나는 통계 학습의 정 확도가 낮겠네'라고 생각할지도 모른다.

　하지만 뇌의 통계 학습 능력은 학교에서 의식적으로 하는 학 습, 즉 산수와 수학을 잘하느냐 못하느냐와는 상관관계가 전혀 없다. 그뿐만 아니라 지능지수IQ 와도 독립된 뇌의 자동 계산 기 능이라고 할 수 있다.

❍ 예측과 다르면 기억에 남기 쉽다

이 책의 첫머리에서 든 예를 바탕으로 통계 학습을 조금 더 자세히 설명하겠다.

먼저 ①의 '파란 불에 건널목을 건너려는 순간 신호를 무시한 채 달리는 자동차에 치일 뻔했다'라는 예시를 살펴보자. 흔히 건널목에서 자동차가 신호를 무시하는 것은 잘못된 행동이며, 그렇게 하면 안 된다는 것은 누구나 알고 있다. 그렇기에 우리는 지금까지의 경험에 근거한 뇌의 통계 학습을 통해 파란 불에 건널목을 건너는데 자동차가 지나가는 일이 일어날 확률을 거의 0퍼센트로 예측한다. 그런데 그 예측과 다른 현상이 나타났기 때문에 우리 뇌는 깜짝 놀라게 된다. 그리고 기존에 갖고 있던 지식이 업데이트되면서 기억으로 남게 되고, 파란 불이 들어왔음에도 자동차가 건널목을 지나갈 수 있는 확률이 0퍼센트에서 조금 상승하게 된다.

만약 신호를 무시하고 지나가는 자동차가 없었다면 어떻게 될까? 경험하지 않은 일이기 때문에 기억에 남지 않았을 것이다. 요컨대 제1장의 앞머리에서 한 질문에 '오늘은 기억에 남는 일이 하나도 없었어'라고 생각했다면, 통계 학습에 입각한 오늘 나의 예측이 모두 맞아떨어졌다는 것을 뜻할지도 모른다.

②의 '넘어질 뻔했다'의 경우도 마찬가지다. 출근길이나 통학로 등 매일 걸어가는 길에서 넘어지는 일은 거의 없다. 그렇기에 우리는 매일 별다른 생각 없이 걸어 다닌다. 이것은 뇌의 통계 학습을 통해서 안심할 수 있는 길, 거의 위험하지 않은 길이라고 인식했기 때문이다. 그러나 돌부리에 걸려 넘어질 뻔함으로써 뇌의 예측과 달라져 기억에 남게 된다. 그러면 다음 날 걸을 때 '어제 여기에서 돌부리에 걸려 넘어질 뻔했으니 조심해야겠다'라고 조금이나마 주의하게 될 것이다.

이해를 돕기 위해 조금 극단적인 예를 들었지만 우리가 하루를 보낼 때의 행동에는 통계적인 확률 요소가 들어 있다. 결론적으로 경험을 통해 얻은 무의식적인 예측에 따라 행동하고 있다고 할 수 있다.

○ 예측과 다른 현상이 곧 '나쁘다'라는 의미는 아니다

한편 ③의 '생각지도 못한 선물을 받아 기뻤다'를 보면, 예측과 다르다고 해서 반드시 나쁜 일로 이어지지는 않는다는 걸 알 수 있다. 예측과 달라서 분명 실망할 때도 있겠지만 반대로 좋을 때도 있다. 어느 쪽이든 통계 학습을 통한 예측으로 맞추지 못한 다른 사건이 일어나면 정보와 지식이 업데이트되어 뇌에 기억으로 남기 쉽다. 다만 오늘은 '생각지도 못한 선물을 받아 기뻤다'라고 선명하게 기억했더라도 이후 매일 선물을 받게 된다면 예측한 대로의 사건이 되기 때문에 기억에 남지 않게 된다. 그리고 어느 날 갑자기 선물을 받지 못하는 날이 오면 이번에는 받지 못한 상황에 놀라게 된다.

이처럼 통계 학습이란 주변에서 일어나는 온갖 현상의 확률을 뇌가 자동으로 계산하고 그 결과를 바탕으로 미래를 예측하는 것이다. 그리고 예측과 다른 일이 일어날 때마다 지식을 업데이트하는 것이라고 할 수 있다.

신호등을 건널 때 예측할 수 있는 상황

❶ 파란 불이 들어오면 건널목을 건넌다. 이것을 반복함으로써 파란 불에 자동차가 지나갈 확률을 거의 0퍼센트로 예측한다.

❷ 파란 불이 들어와서 건너려 했는데 자동차가 신호를 무시하고 지나가서 놀란다. 그러면 파란 불인데 자동차가 지나갈 확률이 0퍼센트에서 약간 상승하며 기억에 남는다.

❸ 앞의 상황이 기억에 남음으로써 파란 불이 들어와도 자동차를 주의하며 건너게 된다.

뇌는 전이 확률과
불확실성을 학습한다

○ 전이 확률이란 '다음에 무엇이 올까'의 확률

지금부터는 뇌의 통계 학습이 실제로 어떤 기능을 하는지 설명
하겠다. 앞에서도 이야기했지만 '통계 학습'이란 통계라는 명칭
이 들어가는 데서 알 수 있듯이 어떤 정보를 한눈에 알아보기
쉽게 정리해 절차적으로 학습하는 것이다. 그렇다면 뇌는 대체
무엇을 학습할까? 뇌의 통계 학습에서는 전이 확률과 전이 확
률 분포의 정보 엔트로피(불확실성)를 계산한다. 이 전이 확률과
정보 엔트로피가 통계 학습의 포인트다.

여기서 말하는 전이 확률이란 무엇일까? '전이'에는 '옮기어 바뀌는 것'이라는 의미가 있다. 그러므로 단순히 말하면 전이+확률은 옮기어 바뀌는 확률이라고 할 수 있다. 조금 더 정확하게 말하면 다음에 무엇이 올 것인가의 확률이라고도 볼 수 있다는 점을 알고 넘어가자.

전이 확률은 몇 퍼센트의 비율로 존재하는지와 같은 출현 확률과는 다르다. 단순한 예로 사계절은 봄·여름·가을·겨울 이렇게 네 가지다. 그러므로 일 년 중에 봄이 출현할 확률은 25퍼센트다. 그렇다면 겨울 다음에 봄이 올 확률은 어떨까? 100퍼센트다. 전이 확률은 바로 이 확률을 가리킨다.

다시 제1장의 첫머리에서 들었던 예로 돌아가 보자. ①의 '파란 불에 건널목을 건너려는 순간 신호를 무시한 채 달리는 자동차에 치일 뻔했다'라는 현상에서 뇌가 정보의 '옮기어 바뀔(전이)' 확률을 계산하지 않고 출현 확률을 계산한다고 가정하자. 파란 불이 들어와 있는 시간과 빨간 불이 들어와 있는 시간이 동일한 교차로에서는 자동차가 건널목을 지나가지 않는 시간(파란 불)과 지나가는 시간(빨간 불)이 같다. 즉, 자동차가 건널목을 지나갈 확률은 50퍼센트나 된다. 건널목을 건널 때 절반의 확률로 자동차가 지나간다고 생각하면 무서워서 건널 수가 없을 것이다.

그러나 실제는 그렇지 않다. 우리는 파란불에 건널목을 건널 때 거의 100퍼센트의 확률로 자동차가 지나가지 않는다고 예측한다. 왜냐하면 우리의 뇌는 몇 퍼센트의 비율로 나타났는지 따지는 출현 확률이 아니라 정보가 옮기어 바뀌는 흐름을 가진 전이 확률을 계산하기 때문이다.

즉 전이 확률이란 '다음에 무엇이 올 것인가?'의 확률을 말한다. 요컨대 우리는 먼저 신호등의 색깔을 파악한 후 다음에 자동차가 건널목을 지나갈 확률을 계산한다.

- 빨간 불이 들어왔을 때 자동차가 건널목을 지나갈 확률은 높다.
  (거의 100퍼센트)
- 파란 불이 들어왔을 때 자동차가 건널목을 지나갈 확률은 낮다.
  (거의 0퍼센트)

위의 예처럼 확률을 고려하는 것이다.

◉ 불확실성이란 정보의 복잡성을 말한다

그렇다면 정보 엔트로피란 무엇일까? 한마디로 말하면 정보의 복잡성이다.

다음의 예를 보기 바란다. ①과 ②의 물음표에는 빨강과 파랑 중 어떤 게 들어갈까?

❶ 파랑 → 빨강 → 파랑 → 빨강 → 파랑 → 빨강 → 파랑 → 빨강 → 파랑 → 빨강 → 파랑 → 빨강 → ?

❷ 빨강 → 빨강 → 파랑 → 빨강 → 파랑 → 파랑 → 파랑 → 파랑 → 빨강 → 파랑 → 빨강 → 빨강 → ?

①은 예측하기가 쉽다. 빨강과 파랑이 교대로 나오고 있으므로 '파랑'이라고 대답하는 사람이 많을 것이다. 그러나 ②는 어떨까? 무작위로 나오고 있어서 규칙성이 보이지 않기 때문에 예측하기 어렵다. 참고로 ①과 ② 모두 빨강과 파랑의 수는 6개씩 배열되어 있다. 즉 ①과 ②에 파랑이 출현할 확률은 같다(파랑 50퍼센트 / 빨강 50퍼센트).

그러나 배열을 흐름의 관점에서 보면 전이 확률로서의 복잡성은 다르다. ①과 ②를 비교하면 ①은 파랑과 빨강이 규칙적으로 나타나고 있어 예측하기 쉽다. 반면에 ②는 불규칙해서 예측하기 어렵다.

우리는 여기서 정보가 복잡해 예측하기 어려운 쪽을 '정보 엔트로피가 높다'라고 말한다. 결론적으로 ①을 정보 엔트로피가 낮다고 말하고 ②를 정보 엔트로피가 높다고 표현하는 것이다. 이렇게 뇌과학의 통계 학습 분야에서 정보 엔트로피를 '불확실성'이라고 부른다.

위의 내용을 간단하게 정리하면 아래와 같다.

- **정보 엔트로피가 높다** = 불확실성이 높다 = 정보가 복잡해서 예측하기 어렵다
- **정보 엔트로피가 낮다** = 불확실성이 낮다 = 정보가 복잡하지 않아서 예측하기 쉽다

결론적으로 정보 엔트로피가 낮고 불확실성이 낮을수록 예측하기 쉽다고 할 수 있다.

○ 통계 학습의 수학적인 해석

그렇다면 이 전이 확률과 정보 엔트로피는 수학적으로 무엇을 가리킬까? 33쪽의 그림을 보기 바란다. 통계 학습 분포표 (가), (나), (다)를 정리하면 다음과 같다.

· 뇌의 통계 학습 분포표 ·

(가) (BC)ABCABCABABCABCACABCABCABCBCABC

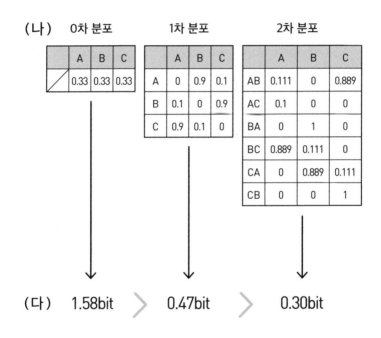

(나)   0차 분포   1차 분포   2차 분포

	A	B	C
	0.33	0.33	0.33

	A	B	C
A	0	0.9	0.1
B	0.1	0	0.9
C	0.9	0.1	0

	A	B	C
AB	0.111	0	0.889
AC	0.1	0	0
BA	0	1	0
BC	0.889	0.111	0
CA	0	0.889	0.111
CB	0	0	1

(다) 1.58bit > 0.47bit > 0.30bit

뇌는 열 정보 (가)에서 전이 확률과 전이 확률 분포 (나)의
정보 엔트로피 (다)를 계산한다.

- (가)는 A, B, C라는 세 사건으로 구성된 열 정보
- (나)는 (가)의 열 정보를 통계 학습했을 경우의 전이 확률의 분포도
- (다)는 (나)에서 도출된 정보 엔트로피의 수치

그러면 지금부터 앞쪽의 표를 자세히 설명하겠다.

이를테면 (가)의 A, B, C라는 세 사건으로 구성된 열에서 A, B, C는 모두 10개씩 출현한다. (가)에서는 A, B, C의 출현 확률이 전부 33퍼센트(10개/30개)가 된다. 한편 전이 확률의 경우는 직전 사건의 정보를 바탕으로 다음 사건의 확률을 계산한다. 그리고 직전 사건의 정보의 수가 차수次數에 해당한다.

1차 분포(1차 전이 확률 분포)의 경우는 직전에 일어난 한 개의 사건을 바탕으로 다음 사건의 확률이 계산되고, 2차 분포(2차 전이 확률 분포)의 경우는 직전에 일어난 두 개의 사건을 바탕으로 다음 사건의 확률이 계산된다. 참고로 0차 분포는 직전의 정보가 없으므로 단순히 출현할 확률이 된다(0.33 = 33퍼센트).

그림 (나)에서 1차 분포나 2차 분포표의 가장 왼쪽 열에 있는 알파벳은 직전의 사건을, 가장 위쪽 행의 알파벳은 다음에 올 사건을 나타낸다. 가령 1차 분포에는 전이 확률의 퍼센트가 아래와 같으니 확인해보자.

- A 다음에 A가 올 전이 확률은 0퍼센트(0)
- A 다음에 B가 올 전이 확률은 90퍼센트(0.9)
- A 다음에 C가 올 전이 확률은 10퍼센트(0.1)
- B 다음에 A가 올 전이 확률은 10퍼센트(0.1)
- B 다음에 B가 올 전이 확률은 0퍼센트(0)
- B 다음에 C가 올 전이 확률은 90퍼센트(0.9)

뇌가 (가)의 열 정보를 1차 분포에 근거해 통계 학습을 했다면 A라는 정보를 받았을 때 '다음에 A가 올 가능성은 0퍼센트, B가 올 가능성은 90퍼센트, C가 올 가능성은 10퍼센트'라고 예측하는 것이다.

만약 뇌가 전이 확률이 아니라 단순히 빈도(출현 확률)만을 계산한다면 (가)의 열 정보는 A, B, C가 전부 균등하게 33퍼센트의 확률로 나타났기 때문에 예측할 수 없을 것이다. 그러나 뇌의 통계 학습 메커니즘에서는 전이 확률의 계산이 가능하므로 직전 사건의 정보를 바탕으로 더욱 정밀하게 다음 사건을 예측할 수 있다.

○ 통계 학습에는 깊이가 있다

앞의 33쪽에서 1차 분포의 표를 다시 한번 보기 바란다. 1차 분포의 통계 학습은 어디까지나 직전 한 개의 정보만을 근거로 다음 예측을 결정한다. 그래서 1차 통계 학습으로 (가)의 열을 학습했을 경우, B-A 다음에 B가 올 확률과 C-A 다음에 B가 올 확률은 똑같이 90퍼센트(0.9)다. 결국 뇌의 예측은 달라지지 않는다. 어디까지나 직전 한 개의 정보인 A만을 가지고 예측하기 때문이다.

이번에는 2차의 통계 학습으로 직전 두 개의 정보에 근거해 (가)의 열을 학습했다고 가정하자. 33쪽 그림에 있는 2차 분포의 표를 보면 2차 분포에서 B-A 다음에 B가 올 확률은 100퍼센트, C-A 다음에 B가 올 확률은 88.9퍼센트가 된다. 그러면 뇌는 A 앞에 B가 있을 때 좀 더 확실하게 A 다음에 B가 올 것으로 예측할 수 있다.

이처럼 1차보다 2차, 2차보다 3차를 '깊다'라고 표현한다. 일반적으로 통계 학습의 깊이가 깊어질수록 예측의 정확도도 올라간다. 또한 수학적으로 보더라도 통계 학습의 깊이가 깊어질수록 정보 엔트로피의 값도 낮아진다고 알려져 있다(1차 분포〉2차 분포).

(다)는 (가)의 열 정보를 통계 학습했을 때 전이 확률의 분포도 (나)에서 정보 엔트로피를 수식으로 이끈 숫자다(수식은 생략한다). 그리고 이 (다)의 숫자는 'bit(비트)'라는 단위로 표현된다. 컴퓨터 등의 분야에서 종종 '○비트'라는 말을 들어본 적이 있을 것이다. 그것과 같은 단위다. 이 수치가 낮을수록 불확실성이 낮다고 여긴다.

◦ 깊을수록 예측의 정확도가 높아진다

앞에서 이야기했듯이 뇌의 통계 학습에는 전이 확률의 차수가 낮은 것(저차)부터 높은 것(고차)까지 있다. 그리고 고차의 통계 학습을 '깊은 통계 학습'이라고도 말한다.

조금 더 자세히 설명하기 위해 음악을 예로 들어보겠다. 다음 38쪽의 그림을 보기 바란다.

그림에서 A의 도, 레, 미가 연속해서 나오는 열을 통계 학습했을 때, 레 다음에 무엇이 올지를 예측한다고 가정하자. 이 경우 레 다음에는 반드시 미가 나오는 것을 알 수 있다(전이 확률=100퍼센트). 또한 2차 통계 학습에 나와 있는 레 앞의 음까지 봤을 경우도 '도-레' 다음에는 반드시 미가 나오므로, 1차든 2차든

· 통계 학습의 깊이란? ·

Q. '레' 다음에는 무엇이 올까?

A

도 레 미 도 레 미 도 레 미 도 레 미 도 레 미 도 레 미 도 레 미

1차 통계 학습으로 예측 가능
⇨ **얕은 통계 학습으로 충분**

B

도 레 미 파 레 도 레 미 파 레 도 레 미 파 레

1차 통계 학습으로는 예측이 불가능하지만,
2차 통계 학습으로는 예측 가능
⇨ **깊은 통계 학습이 필요**

결론은 달라지지 않는다는 사실을 알 수 있다. 따라서 통계 학습의 깊이는 1차로 충분한 셈이 된다.

한편 B의 열에서는 1차 통계 학습을 했을 경우 레 다음에 미와 도가 똑같은 빈도로 나오기 때문에 예측하기가 어렵다. 그러나 만약 B의 열을 2차 통계 학습으로 학습한다면 이야기는 달라진다. 직전에 '파-레'라는 두 음이 나왔을 때는 반드시 그다

음에 도가 나오고, '도-레'라는 두 음이 나왔을 때는 반드시 미가 나온다는 것을 알 수 있기 때문이다.

따라서 B의 열을 통계 학습할 경우는 1차 통계 학습보다 깊은 2차 통계 학습을 하는 것이 적절하다. 참고로 열이 복잡해질수록 깊은 통계 학습이 더 낫다는 사실 또한 이미 실험을 통해 밝혀졌다.

● 언어의 통계 학습

이것은 언어에서도 마찬가지다. 우리가 대화할 때도 뇌는 계속 통계 학습을 한다. 우리는 상대방의 이야기를 들을 때 상대가 말하는 문장에서 어떤 단어가 출현할 확률을 계산하기보다 어떤 단어 다음에 무엇이 나올지에 대한 확률을 바탕으로 예측한다.

다음 40쪽의 그림을 보자. 이것은 "내일은 날씨가 좋(비가 온)대요"라는 문장을 짧게 자른 것이다. 실제 대화에서 상대가 "내일은 날씨가 좋대요"라고 말하는 상황을 떠올려보자. 우리는 상대가 '내일'이라는 단어를 말했을 경우 다음에 올 단어로서 '비'보다 '은'을 예측하지 않을까? '내일' 다음에 '은'이 나올 확률은 높다(위의 그림에서는 이해를 돕기 위해 100퍼센트로 가정했다).

· 언어에서의 통계 학습 ·

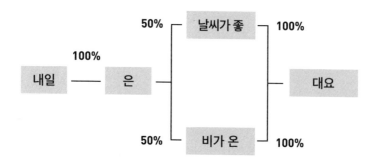

실재 대화에서는 중요한 정보라 예측되는 '날씨가 좋'인지 '비가 온'인지에 주의를 기울이게 된다.

한편, '내일 → 은'의 다음에 나올 단어로서 우리는 '날씨가 좋'과 '비가 온'을 50퍼센트씩의 확률로 예측한다. 위의 그림에서는 이해를 돕기 위해 날씨가 '좋은 날씨'와 '비'의 두 가지뿐이며 50퍼센트의 확률이라고 가정했다.

앞에서 이야기했듯이 우리는 통계 학습을 통해 경계해야 할 정보에만 뇌의 에너지를 사용한다. 모든 정보에 주의를 기울이느라 필요 이상으로 에너지를 소모하는 일은 줄여야 한다. 여기서는 '내일' 다음에 올 확률이 높은 단어인 '은'에는 그다지 주의를 기울이지 않고 예측이 어려운 중요한 정보('날씨가 좋'이냐 '비가 온'이냐)를 주의 깊게 듣게 되는 것이다.

마지막으로 '날씨가 좋' 혹은 '비가 온'이라는 말 다음에 오는 것은 '~대요'다. '대요'는 인용을 나타내는 어미이므로 다음에 올 말이 '대요'일 확률은 매우 높다(이해를 돕기 위해 그림에서는 100퍼센트로 표시했다).

날씨에 대한 정보는 일기 예보 등에서 얻었을 것이므로 인용을 나타내는 '대요'가 들어갈 확률은 매우 높다고 할 수 있다. 다만 그렇다고 해도 우리는 상대가 말하는 문장이 '대요'로 시작하는 경우를 상상하지 않는다. 문장의 첫 부분에 '대요'가 나올 확률은 0퍼센트라고 예측하는 것이다.

이처럼 언어에서도 다음에 올 현상을 정확히 예측하기 위해서는 출현 확률보다 A가 온 다음에 B가 올 전이 확률이 더 중요하다. 그리고 이런 지식을 얻기 위해 활발히 활동하는 것이 통계 학습이다.

뇌는 불확실성이 낮은
정보를 압축한다

○ 청크로 최대한 뇌를 비운다

통계 학습과 가볍게 여길 수 없는 매우 중요한 관련성을 지닌 메커니즘이 있다. 그것은 정보의 '청크(압축)'라고 불리는 작용 원리와 구조를 말한다. 지금부터 이에 관해 자세히 설명해보겠다.

예를 들어 "오늘은 날씨가 좋군요"라는 문장을 생각해보자. 사람은 이 문장에서 '오늘' '은' '날씨' '가' '좋군요' 같이 다섯 개 덩어리로 나눠서 감지할 수 있을 것이다. 또 사람에 따라서는 '오늘은' '날씨가' '좋군요'와 같이 세 개의 덩어리를 느낄지도 모

· 문자의 청크도 ·

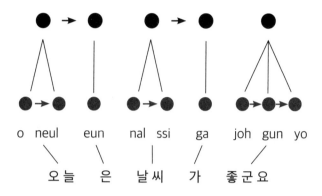

른다. 청크는 이 덩어리와 관계가 있다.

위의 그림을 보자. 이것은 청크의 간단한 예를 그린 것이다.

인간의 뇌는 통계 학습을 할 때 먼저 'o' 'neul' 'eun'이라는 세 음의 선이 확률을 계산한다. 대화 속에서 몇 번이고 "오늘은 날씨가 좋군요" "오늘도 출근합니다" 같은 말을 듣고 그것을 계산하는 사이에 'o' 다음에 'neul'이 올 전이 확률은 높고, 'neul' 다음에 'eun'이 올 전이 확률은 낮음을 학습한다. 그런 다음 뇌 속에서는 전이 확률이 높은 정보를 한 덩어리의 정보로 간주한다. 요컨대 'o'와 'neul'은 전이 확률이 높으므로 한 덩어리의 정보로 간주하는 것이다. 그리고 압축되어 'oneul(오늘)'로 변화한다.

이렇게 한 덩어리의 정보로 압축하는 것을 청크라고 한다. 이것은 '날씨' '가' '좋군요'도 마찬가지다. '날' '씨'가 청크되어 '날씨'가 되고, '좋' '군' '요'가 '좋군요'가 되는 것이다.

따로따로 떨어져 있는 정보를 연결해서 청크해 나가면 뇌가 정보를 처리할 때 걸리는 부하를 가볍게 줄일 수 있다. 이것은 컴퓨터로 치환하면 이해하기 쉽다.

새롭거나 정리되어 있지 않은 부하가 큰 정보를 컴퓨터에 보존하려면 이전부터 저장해 놓았던 정보를 정리하거나 압축해서 메모리나 저장 공간의 용량을 최대한으로 비워 놓을 필요가 있다. 뇌도 마찬가지다. 청크란 복수의 정보를 하나로 압축함으로써 뇌 속에 빈 곳을 만드는 것이다. 이를 통해 뇌는 정보 처리 효율을 높일 수 있다.

○ 청크는 반복할수록 늘어난다

영어 회화를 배울 때도 마찬가지다. 처음에는 "You 다음에는 동사가 오고…"와 같이 하나하나를 의식하면서 문장을 만들어 나가지만, 익숙해지면 'You'에 이어지는 문장 전체가 'You have to~' 'You know~'로 하나의 덩어리가 되어 술술 말할 수 있게 된다. 이 덩어리가 바로 청크다.

뇌는 전이 확률이 높은 정보(불확실성이 낮은 정보)의 덩어리를 청크한다. 이 청크는 훈련이나 연습을 반복(숙련도를 높임)함으로써 발생한다. 피아노나 바이올린 등의 악기를 연주하는 것도 이와 마찬가지다.

피아노를 처음 배우는 사람은 악보의 음표 하나하나를 보면서 천천히 건반을 눌러야 한다. 그러나 계속 연습을 반복하면서 익숙해지면 몇 소절 단위의 음표 배열을 한 덩어리로 간주할 수 있게 되고, 슬썩 보기만 해도 악보를 이해하고 매끄럽게 연주할 수 있게 된다.

● 청크는 자고 있을 때 일어난다?

그런데 청크는 대체 언제 일어나는 것일까? 이에 관해서는 몇 가지 후보가 있다. 그중에서도 대표적인 것은 휴식이다. 특히 뇌의 가장 큰 휴식인 수면이다.

독일 뤼벡대학의 얀 본 박사와 루크 대학의 수잔네 디켈만 박사의 연구에 따르면 우리는 자고 있을 때 통계 학습을 통해 뇌의 해마에 일시적으로 보존하고 있었던 통계 정보 중에서 필요한 자료만 선별한다. 그 후 필요한 자료를 압축하고 장기 기억으로 보내는 작업을 하고 있다.

수면 중에는 뇌가 급하게 작업해야 하는 일이 적기 때문에 외부 정보로부터 거의 간섭을 받지 않는다. 그래서 뇌에 있는 해마가 중요한 정보를 천천히 선별할 수 있다. 우리는 이 수면 시간에 중요한 정보를 한 덩어리의 정보로 압축해 뇌의 용량을 최대한 사용할 수 있다. 그렇게 되면 정보를 처리하고 있었던 뇌의 저장 공간에 여유가 생겨 부하가 큰 처리도 가능해지는 것이다.

◉ 효율적으로 예측하려면 능동적으로 행동해야 한다

인간은 뇌의 통계 학습으로 어떤 일이 어느 정도의 확률로 일어날 수 있는지를 스스로 의식하려 하지 않아도 예측할 수 있다. 우리는 사회 환경 속에서 다가오는 위험을 감지할 수 있어서 안심하며 살아갈 수 있는 것이다.

뇌의 예측이 효율적으로 작용하기 위해서는 중요한 것이 있다. 바로 인지-행동 사이클이다. 이를테면 각기 다른 나라 사람들은 모두 모국어를 인지-행동의 사이클을 따라 학습하고 있다고 할 수 있다.

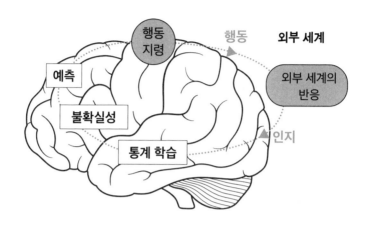

· 뇌의 인지-행동 사이클 ·

갓난아기는 문법이나 단어의 의미를 명확히 이해하기 전부터 여러 가지 시행착오를 반복하며 말을 배운다. 스스로 소리 내어 말했을 때 자신의 목소리가 어떤 소리를 내며 부모에게서 어떤 대답이 돌아오는지를 여러 가지 시도하면서 학습한다.

요컨대 자신이 먼저 능동적으로 말한(행동) 다음 그 반응을 보는(인지) 것이다. 그리고 여기에서 배우고 익힌 다음 또다시 말하는 행동으로 연결한다. 인지와 행동의 반복을 통해서 학습하는 것이다(47쪽 그림 참조).

즉 능동적으로 행동함으로써 외부 정보를 예측하거나 인지하기 더욱 쉽게 만드는 것이다. 그리고 이를 통해 불과 몇 년만 지나면 언어를 유창하게 구사할 수 있게 된다.

● 수동적인 인지와 능동적인 행동

우리는 중학교와 고등학교만 해도 6년이나 영어를 배우지만 그런데도 영어가 서툰 사람이 많다. 그 이유는 말하기보다는 주로 읽기나 듣기 같은 수동적인 학습을 많이 하기 때문일 것이다.

외국어(영어) 학습뿐만 아니라 그 어떤 배움 또한 마찬가지다. 자신이 능동적으로 행동하는지 아닌지에 따라 그 후의 학습 성취도가 크게 달라진다.

아무리 악보를 보고 피아노 치는 법을 이해한들 실제로 피아노를 쳐보면서 실패를 거듭해보지 않는다면 연습이 부족해 능숙하게 칠 수 있는 수준에 이르지 못한다. 아무리 책을 읽고 그림 그리는 법을 이해한들 실제로 그려보면서 여러 실패작을 거치면서 그리기 훈련을 하지 않는다면 그림 솜씨는 나아지지 않는다. 연습과 훈련을 하지 않는다면 발전이 없을 것이다.

이처럼 인지-행동 학습은 어떤 일에 숙달되려면 개인이 자기가 선택한 문제를 해결하려고 의도적으로 착수하고, 자신에게 의미가 있는 내용을 완전히 익히고 기술을 배우면서 상당 기간에 걸쳐 노력해야 한다. 어떤 분야든 탁월한 능력을 얻기 위해서는 수동적인 인지와 능동적으로 행동을 같이하면서 학습하는 것이 매우 중요하다. 물론 인지-행동 사이클을 통한 학습이 탁월한 능력을 얻을 수 있느냐 없느냐를 좌우하는 유일한 방법은 아니다. 하지만 적어도 능력을 최단 시간에 획득하기 위해서는 인지-행동 사이클이 꼭 필요하다.

제2장

개성과 창조성은
흔들림에서 시작된다

통계 학습에서
창작에 이르기까지

ㅇ 통계 학습은 오랫동안 수수께끼에 싸여 있었다

앞에서 이야기했듯이 통계 학습이란 우리 주변에서 일어나는 다양한 현상의 확률을 자동으로 계산해 정리하는 뇌의 기능이자 시스템을 의미한다. 그리고 통계 학습은 갓 태어난 아기일 때부터 유아기, 성장기, 성인기, 노년기 등 인간이 살아가는 내내 의식하지 않아도 실행되는 학습 행동이다.

또한 깨어 있을 때뿐만 아니라 잠자는 동안에도 끊임없이 실행된다. 그렇다 보니 통계 학습은 기본적으로 무의식중에 시행되는 학습으로 일반적으로 인식되고 있다. 그래서 무의식 학습 또는 잠재 학습이라고 부르기도 한다.

뇌는 통계 학습을 통해서 얻은 확률의 결과를 기억으로 저장한다. 그리고 우리는 그 기억에 근거해 생각하거나 행동한다. 요컨대 통계 학습은 우리가 살아가는 데 필요한 수많은 지식이나 사고, 행동에 크게 관여하고 있다.

제1장에서 이야기했듯이 우리는 따로 의식하지 않아도 자연스럽게 '파란 불이 들어오면 건널목을 건넌다'라는 통계 학습의 예측에 따라 행동한다. 급히 서두를 때라면 몰라도 매번 신호등을 볼 때마다 '빨간불이구나' '파란불이 들어왔구나'라고 의식하면서 걷는 사람은 없다.

길을 걸을 때의 행동도 마찬가지다. 평소에 '오른발을 내디뎠으니 다음에는 왼발을 내딛자'라고 의식하면서 걷는 사람은 없을 것이다. 또한 자주 다녀서 익숙한 길에서도 '다음 갈림길에서 오른쪽으로 꺾고, 100미터 정도를 간 다음 왼쪽으로 꺾자'라고 일일이 생각하지도 않을 것이다. 우리의 몸이 알아서 움직이기 때문이다.

모국어를 엄마, 아빠, 빠이빠이, 빵빵 등부터 시작해서 익혀나가는 과정도 그렇다. 아기들은 주위의 어른들이 말하는 것을 보거나 듣고 입의 움직임이나 발음 등을 흉내 내면서 언어를 익혀 나간다. 그러다 보면 의식하지 않아도 자연스럽게 말을 할 수 있게 된다.

◎ 무의식은 행동에 강한 영향을 끼친다

다만 통계 학습을 통해서 얻은 기억들이 우리의 평소 생활이나 행동에 어떻게 영향을 끼치는가에 관해서는 연구자들 사이에서도 오랫동안 수수께끼에 싸여 있었다. 통계 학습은 무의식적으로 실행되기 때문이다.

현재는 과학기술의 발전으로 뇌의 활동이나 행동 정보를 측정하는 기술이 빠른 속도로 발전하면서 무의식에 관한 많은 사실이 밝혀졌다. 흔히 사람들은 학습을 의식적인 것으로 생각한다. 하지만 인간 뇌 활동의 95퍼센트 무의식적으로 이루어진다고 한다. 그리고 통계 학습으로 얻은 기억은 설령 학습자 본인이 자각하지 못하더라도 우리의 지성이나 여러 가지 행동에 강한 영향을 끼친다고 한다. 지적 능력과 행동뿐만이 아니다. 감성과 직감, 개성과 창조성에도 영향을 준다는 것이 다양한 연구 결과로 알려졌다.

○ 다양한 유형의 기억

위에서 설명한 지성, 행동, 개성, 창조성 등에 통계 학습으로 얻은 기억이 어떻게 영향을 끼치는지를 설명하기 위해 먼저 기억의 구조에 관해 알아보겠다. 우리 뇌는 다양한 유형의 기억이 있다고 한다. 56쪽의 그림을 보면서 그 기억에 대해 하나하나 살펴보자.

먼저 시간의 관점에서 분류하면 기억에는 수십 초에서 수십 분 동안만 유지되는 단기 기억과 수 시간에서 평생에 걸쳐 유지되는 장기 기억이 있다.

단기 기억이란 전화번호를 듣고 곧바로 전화를 건 뒤에 그 번호를 잊어버리는 것 같은 기억을 가리킨다. 또한 단기 기억의 일종으로 작업 기억working memory이 있다. 이는 다양한 정보를 일시적으로 보존하면서 데이터를 재배열하거나 조합하는 기억을 말한다.

이를테면 우리는 대화를 나눌 때 상대방의 이야기를 들으며 동시에 기억하고 내용을 정리한다. 그리고 이야기의 전개에 따라 이전에 보존하고 있었던 정보를 기억에서 지우고 필요한 정보를 장기 기억 저장고로 옮기는 작업을 끊임없이 반복한다. 그런 일시적인 정보의 보존과 정리를 작업 기억이라고 부른다. 작

· 뇌의 다양한 기억 ·

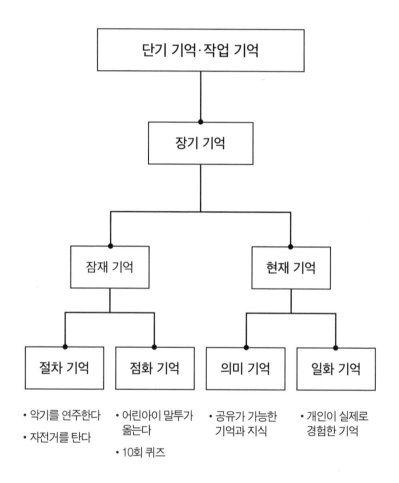

업 기억은 대화 외에도 읽고 쓰기, 계산, 운동 등 일상의 다양한 행동에 관여하고 있다.

단기 기억의 정보는 시간이 흐르면 잊히지만, 반복을 통해 장기 기억으로 전송된다고 알려져 있다. 장기 기억의 공간은 단기 기억의 공간과 비교가 안 될 만큼 거대하다. 그래서 장기 기억의 공간에 수십억 개에 이르는 기억 정보를 담을 수 있는 것이다.

무엇인가를 기억할 때 인지적 학습이 일어나는 작업 기억에서의 정보 처리에는 의식과 무의식이 동시에 관여하며, 작업 기억에서 작업한 결과가 저장되는 장기 기억에서의 정보 처리에는 무의식이 관여한다. 하지만 장기 기억 중 점화 기억은 의식적으로 회상하는 기억이며, 절차 기억은 반복으로 무의식적으로 저장되고 반사적으로 인출되는 기억이다. 이렇게 인간의 기억과 회상에는 의식과 무의식이 동시에 관여한다.

잠재 기억과
현재 기억

ㅇ 잠재 기억

다음으로 의식의 관점에서 분류하면 기억은 잠재 기억과 현재 기억으로 나뉜다. 우선 잠재 기억부터 살펴보자. 사람의 기억은 대부분 잠재 기억으로 구성되어 있다고 한다. 잠재 기억이란 머릿속에 있다는 사실을 본인도 깨닫지 못하고 있는 기억을 가리킨다. 그리고 잠재 기억은 우리가 깨닫지 못했을 때도 사람의 지성이나 행동에 강한 영향을 끼친다. 또한 기억의 유형에 따라 절차 기억과 점화 기억 등으로 나뉜다.

1. 절차 기억

절차 기억은 몸으로는 기억하지만 말로는 설명하기 어려운 기억을 가리킨다. 내 의식이 개입되지 않은 비서술적 기억의 일종으로, 운동과 연관된 특정 작업을 의식의 개입 없이 실행케 하는 기억이다. 자전거 타는 법이 좋은 예 중 하나다. 우리는 '페달에 한쪽 발을 올려놓은 다음 힘껏 밟고, 다음에는 다른 페달에 반대쪽 발을 올려놓고…'와 같이 자전거 타는 법을 일일이 언어로 기억하지 않는다. 페달을 리듬에 맞춰 밟지 못해 넘어지기도 하면서 실패를 반복하다 보면 어느 순간 몸이 자전거 타는 법을 깨닫게 되는 것이다. 그리고 일단 타는 법을 익히면 몇 년 이상 자전거를 타지 않더라도 몸이 기억하기 때문에 언제든 어려움 없이 탈 수 있다.

이렇게 절차 기억은 몸이 기억하고 말로는 명확히 설명하기 어려운 기억으로 운동, 기술, 악기 연주 등과 같이 반복을 통해 습득된 것이다. 참고로 통계 학습을 통해서 얻는 초기의 기억은 잠재 기억 중에서도 절차 기억으로 볼 수 있다. 절차 기억은 이른바 운동 기억으로 버릇이나 습관과 같이 몸이 제멋대로 기억하는 잠재 기억이다.

이를테면 프로 피아니스트가 음 하나하나를 세세하게 의식하면서 치지 않아도 빠르게 손을 움직이며 연주할 수 있는 이유

중 하나가 연주에 관한 절차 기억이 뛰어나기 때문이다. 자전거나 피아노 연주 이외에 걷기, 글씨 쓰기, 키보드 치기 등의 동작도 마찬가지다. 요리사가 칼이나 프라이팬을 다루는 동작도 절차 기억에 따른 것이다. 말보다 몸으로 기억하는 것 대부분이 절차 기억이라고 생각하면 된다.

모국어를 소리 내어 말하는 방법도 일종의 절차 기억이라고 할 수 있다. 당연한 이야기지만 아기는 입이나 혀를 어떤 모양으로 만들어야 언어를 발음할 수 있는지를 책을 통해서 배우지 않았다. 주위 어른들이 엄마, 아빠, 빵빵이라고 말하는 동작을 흉내 내며 계속 말을 따라 함으로써 발음을 기억한다. 그리고 주위 사람들의 반응을 보면서 시행착오를 반복한다. 실패를 거듭하며 소리 내어 발음하는 것을 반복함으로써 몸으로 기억해 나가는 것이다.

또한 절차 기억은 언어화가 어렵지만 그 밖의 기억과 비교했을 때 평생 잊어버리지 않을 수 있다는 이점이 있다. 우리는 갓난아기일 때부터 주위 사람들의 대화를 반복적으로 흉내 냄으로써 말하는 법을 익힌다. 실패하면서도 계속해서 소리 내어 말하다 보면 언어를 유창하게 다룰 수 있게 된다. 그리고 일상적인 대화에 사용되는 말들을 하나둘씩 몸에 익힌 뒤에는 좀처럼 잊어버리지 않는다.

한편 조금 더 성장하면 책이나 교과서 등을 통해서 체계적이고 효율적으로 언어를 배우게 되는데, 오히려 학습을 통해서 외운 말들은 더 쉽게 잊어버리는 경향이 있다.

2. 점화 기억

점화 기억은 직전의 사건이 이후의 사건에 영향을 끼치는 기억을 말한다.

혹시 '10회 퀴즈'라는 놀이를 알고 있는가? 상대방에게 '캠퍼스'를 열 번 반복해서 말하게 한 다음 '각도를 재는 도구는?' 하고 물어봤을 때 상대방이 자신도 모르게 '컴퍼스'라고 대답하게 되는 놀이를 말한다.

이처럼 직전 기억(점화 기억)이 인간의 행동이나 의사결정에 영향을 끼치는 것을 점화 효과라고 한다. 그런 까닭에 점화 기억은 선입견과 깊은 관계가 있다. 퀴즈에 대답한 사람 중 자신이 왜 틀렸는지를 자각할 수 있는 사람도 있지만, 점화 기억은 때때로 본인조차도 틀린 걸 깨닫지 못하는 경우가 있다. 요컨대 영향을 받은 사람들에게 왜 그렇게 답을 했는지 물어봐도 "그냥…"이라는 대답만 돌아오는 것이다.

이를테면 텔레비전에서 어떤 어른이 "안녕하떼요" "그래쩌요?" 같은 어린아이 말투로 대화하는 장면을 봤다고 가정하자.

그러면 그 방송을 보고 있었던 사람도 무의식중에 어린아이 말투로 말하게 되는 경우가 종종 발생한다. 이것도 점화 기억에 해당한다. 어떤 조사에서 회색, 건망증, 고독, 백발 등 고령자를 연상시키는 말을 보고 들은 사람은 그 후 무의식중에 금방 피로해지거나 허리가 구부정해지거나 고령자 같은 언동을 하는 경우가 많다는 연구 결과도 있다.

이처럼 잠재 기억은 본인이 깨닫지 못한 채로 일상의 온갖 행동이나 의사결정을 내리는 데 영향을 주고 있다.

○ 현재 기억

현재 기억은 말로 설명할 수 있는 기억, 기억하고 있음을 본인이 깨닫고 있는 기억을 가리킨다. 현재 기억은 일반적으로 의미 기억과 일화 기억 등으로 나뉜다.

1. 의미 기억

의미 기억은 물건의 이름이나 단어 등 모두가 공유할 수 있는 기억을 가리킨다. 돈을 집어넣는 물건을 지갑이라고 부른다거나 먹는 행위를 식사라고 부르는 기억을 말한다. 일반적이고 개념적인 지식과 관련된 것으로 세계 각국의 수도 이름, 동물 이름, 다양한 분야의 이론, 음식 종류, 사회적 관습, 특정 대상의 기능, 단어, 사칙연산의 원리 등을 기억하고 알고 있다.

의미 기억은 형태나 색깔이 어떻든 일정 요건을 충족하는 사람이 앉는 물건을 전부 의자라고 부르듯이 어떤 것에서든 발견되는 보편적이고 일관된 특징을 사용해 모두가 공유할 수 있다. 그래서 어떤 물건에 대한 이름이나 단어가 세계에 단 하나만 존재하지는 않는다.

2. 일화 기억

한편 일화 기억은 각각의 실제 경험을 통한 기억을 가리킨다. 자신에게 일어난 경험(일화)을 기반으로 기억이 형성된다. 그리고 자신이 느끼는 주관적인 감각에서 탄생하는 기억이라고 할 수 있다. 동시에 일화 기억은 본인만이 출입할 수 있는 영역이라고도 말할 수 있다.

일화 기억은 구체적인 자서전적 사건들에 대한 기억으로 공간적·시간적 맥락 정보를 포함한다. 언제, 어디서 그 사건이 발생했는지에 관한 기억이다. 기억의 주체인 개인이 과거에 경험했던 크고 작은 사건들, 예를 들면 학창 시절 선생님께 꾸중을 들었던 일, 동창회에 가서 친구들을 만났던 일, 생일날 파티를 열어

축하받았던 일과 같이 기억에 남아 있는 사건이다. 또한 일화 기억은 자신의 머릿속에서 이야기를 떠올리는 기억도 포함한다.

이를테면 동생의 기억에 형이 슈퍼마켓 안에서 뛰어다니다 엄마한테 꾸중을 들었던 장면이 있다고 하자. 이때 동생이 마치 자신이 꾸중을 들은 것처럼 느꼈다면 머릿속에서 이야기를 떠올리는 일화 기억이 된다. 다른 사람의 일화(타인에게 일어난 사건)더라도 자기 투영을 통해 자신의 일화 기억이 되어버리고 마는 것이다.

일화 기억은 기본적으로 타인과 공유하는 것이 아니라 자신만이 가진 독자적인 기억이다. 일화 기억을 통해 자신만의 개성을 지닌 문장이나 작품을 창작할 수 있기에 창조성과 관련해 가장 중요한 기억으로 꼽을 수 있다.

그러나 문장이나 이야기를 창작하려면 반드시 단어의 지식이 필요하듯이, 일화 기억으로 개성 있고 창조적인 것을 만들어내기 위해서는 의미 기억이 관여하는 경우가 대부분이다. 즉 일화 기억만으로는 결코 개성이나 창조성이 만들어지지 않는다. 의미 기억과 일화 기억이 모두 있어야만 개인의 개성이나 창조성이 탄생하는 것이다.

많은 뇌과학자가 창의력의 원천이 기억력이며, 창의성은 기억의 결과물이라고 말한다. 창의성도 결국 기억된 것을 바탕으로 이루어지는 것이므로 이해하는 것만으로는 부족하다. 충분한 기억이 쌓여야 비로소 창의력도 생기게 된다.

뇌는 몰랐던 것을
알게 되는 순간을 좋아한다

○ 가치 있는 정보만을 의미 기억으로 삼는다

그렇다면 통계 학습을 통해서 얻는 기억은 어떤 과정과 단계를
거쳐 개성이나 창조성을 만드는 데 중요한 일화 기억이 되는 것
일까?

먼저 사람은 뇌의 통계 학습을 통해 주변에서 일어나는 다양
한 현상과 사건으로부터 전이 확률을 자동으로 계산한다. 계산
자체는 우선 단기 기억에 저장되는데 이때 확률이 낮은 정보는
머릿속에서 사라지게 되고 확률이 높은 정보만이 추출되어 장

기 기억에 저장된다. 이것은 확률이 높은 정보란 다른 사람들과 도 공유할 수 있는 정보이기 때문이다.

결론적으로 잠재 기억 속에 있는 확률이 높은 정보를 계속 떠올림으로써 현재화해 나가고, 중요한 정보의 덩어리를 하나로 압축한다. 즉 잠재 기억이 현재 기억으로 바뀌면서 물건에 이름을 붙이는 등 의미 기억이 되는 것이다.

이를테면 "오늘은 날씨가 좋군요"와 "오늘은 장을 보러 갑니다"라는 문장을 들었을 때 '오늘은'이라는 덩어리가 두 문장에 모두 출현하는 것을 알 수 있다. 따라서 뇌는 통계 학습을 통해 '오'가 나온 뒤에 '늘', '늘'이 나온 뒤에 '은'이 나올 전이 확률은 100퍼센트라고 계산한다. '오늘은'이라는 정보 덩어리의 불확실성은 낮다고 판단하는 것이다. 이에 따라 뇌는 불확실성이 낮은 정보 덩어리를 청크한다.

청크된 정보는 단어로서 뇌에 기억되며 여기에 의미가 덧붙여져 의미 기억으로 변화해간다. 우리는 이 청크를 통해 주변의 온갖 정보 중에서 보편적이고 일관된 부분만을 추출해서 모두와 공유할 수 있는 의미 기억으로 일반화할 수 있는 것이다.

이런 방법으로 무의식(잠재의식) 속에서 실행되는 통계 학습을 통해 각자가 경험해 온 정보로부터 타인과 공유할 수 있는 지식(의미 기억)을 얻는다.

◎ 의미 기억을 조합해 일화 기억으로 만든다

여기서 단어 같은 의미 기억은 기본적으로 모두가 공유할 수 있는 기억이다. 그래서 의미 기억만 갖고 있다면 모두가 같은 정보를 공유할 뿐 자신만의 독자적인 기억(일화 기억)이 생성되지 않는다. 많은 정보를 계산한 후에 앞으로 가장 일어날 확률이 높은 정보만을 효율적으로 기억(의미 기억)하는 것은 어떤 의미에서 컴퓨터의 정보 처리와 같다. 여기에서는 자아나 개성을 만들어내는 인간다움이 만들어지지 않기 때문이다.

지금부터는 의미 기억에서 일화 기억이 되는 과정과 자신의 개성을 생성하기 위한 과정을 설명하겠다. 우선 청크되어 의미 기억으로 보존된 정보의 덩어리는 뇌 속에 통계적 사전으로 쌓이게 된다. 선행 연구에 따르면 이 통계적 사전에 축적된 다양한 정보의 덩어리를 여러 가지 방법으로 조합하면 문장을 창작할 수 있다고 한다. 아래의 예를 보면

❶ "오늘은 날씨가 좋군요."

❷ "내일은 비가 오려나."

①의 문장에서는 '오늘은' '날씨가' '좋' '군요'라는 의미 기억을 얻는다. ②의 문장에서는 '내일은' '비가 오' '려나'라는 의미

기억을 얻을 수 있다. 이것은 뇌의 통계적 사전에 '오늘은' '내일
은' '날씨가' '좋' '비가 오' '군요' '려나'로 보존된다.

그리고 학습한 본인은 ①과 ②의 두 문장만을 들었을 뿐인데
도 뇌의 통계적 사전에 있는 각기 다른 정보의 덩어리를 조합
해 '오늘은 비가 오려나'와 같은 새로운 문장을 창작할 수 있게
된다.

◦ '말'과 '새'에서 '날개가 달린 말'로

이처럼 뇌는 통계 학습을 통해서 얻은 불확실성이 낮은 정보를
청크하고 거기에 새로운 의미를 부여해 의미 기억을 만든다. 그다
음에 의미 기억을 기반으로 새로운 조합을 한다. 그리고 이번에는
자신만의 (불확실하다고도 할 수 있는) 일화 기억을 다시 한번 통계 학
습을 이용해 구성한다.

예를 들어 이미 알고 있는 '말'과 '새'라는 의미 기억으로부터
'날개가 달린 말'을 창조한다면 그것은 자신만이 가진 일화 기
억이 될 것이다.

'인간'과 '물고기'라는 의미 기억을 조합해 '물고기의 꼬리지
느러미가 달린 인간'이라는 일화 기억을 창조하는 것도 마찬가

지다. 그리고 이 물고기의 꼬리지느러미가 달린 인간을 많은 사람과 공유하게 되면 이윽고 우리는 그것을 다시 의미 기억으로 압축해 이름을 붙인다. 예를 들어 물고기의 꼬리지느러미가 달린 인간에게 '인어'라는 이름을 붙인다면 의미 기억이 되는 것이다. 그리고 의미 기억과 일화 기억의 축적과 사이클을 통해 새로운 정당성이 자리 잡게 되면 독자적인 스토리가 만들어진다. 그리고 그것을 기반으로 자아나 개성, 창조성이 형성된다.

　의미 기억적 정보를 생성하는 통계 학습(일반화·추상화)과 일화 기억적 정보를 생성하는 통계 학습(특수화·구체화)의 사이클을 반복하며 같이 만들어 나가야 한다. 그렇게 되면 서서히 표현에서 자신다움이나 개성이 나타나게 될 것이다.

○ 뇌는 새로운 조합으로 불확실성을 높인다

사람은 통계 학습을 통해 외부 정보의 불확실성을 낮추고 세상에서 일어나는 온갖 자연 현상의 확률을 되도록 확실하게 파악하려 한다. 그리고 그 과정에서 통계 학습을 통해 얻은 잠재 기억은 의미 기억과 일화 기억으로 변화하며, 마지막으로 독자적인 스토리도 만들어낼 수 있게 된다.

그런데 의미 기억에서 일화 기억을 만드는 작업은 언뜻 비효율적으로 보인다. 기껏 효율적으로 일하기 위해서 불확실성이 낮은 정보의 덩어리를 압축해 의미 기억으로 정리해 놓고서는 굳이 그것을 다시 조합해 새로운 정보를 만들어냄으로써 불확실성을 높였기 때문이다. 도대체 뇌는 왜 이런 모순된 행동을 하는 걸까?

인간의 뇌가 학습할 때 모든 것을 완전히 이해한 상태(불확실성이 0인 상태)보다도 오히려 몰랐던 것을 알게 되는 순간(불확실성이 낮아진 순간)에 더 큰 기쁨을 느낀다. 그러나 일단 불확실성이 낮아져 0의 상태가 되어버리면 그 정보에서는 불확실성을 낮춰서 생기는 기쁨을 더 이상 얻을 수 없게 된다.

요컨대 인간에게 최적의 환경은 불확실성이 0인 환경이 아니라 불확실성을 낮출 가능성이 있는 것이다. 인간이 예술이나 창조에 흥미를 느끼는 이유는 추상적으로 표현된 예술이나 창의적인 작품에서 어떤 법칙성을 찾거나 자기 나름의 해석을 하려고 시도하기 때문인지도 모른다.

음악을 예로 들어보자. 대량 생산되는 상업 음악처럼 잘은 모르지만 어딘가에서 들어 본 적이 있는 음악은 귓속으로 술술 들어오기 때문에 듣고 있어도 피곤하지 않다. 어딘가에서 들어 본 적이 있는 감각은 통계 학습을 통해 이미 배우고 익힌 것이라

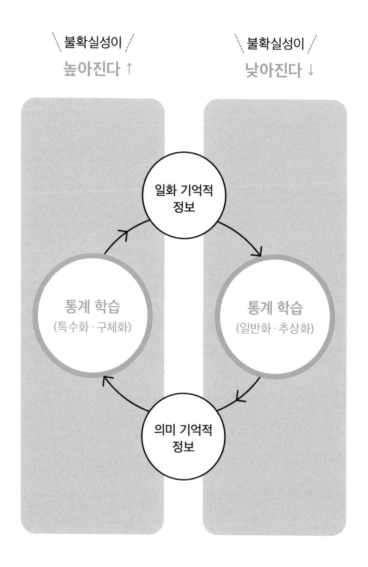

· 반복되는 통계 학습의 사이클 ·

\ 불확실성이 /
높아진다 ↑

\ 불확실성이 /
낮아진다 ↓

일화 기억적
정보

통계 학습
(특수화 · 구체화)

통계 학습
(일반화 · 추상화)

의미 기억적
정보

고 할 수 있다. 음악에서 흔히 듣게 되는 악절은 통계 학습을 통해 불확실성이 낮은 덩어리로 자리 잡아 의미 기억으로 남게 된다. 반복해서 같은 악절을 듣다 보면 뇌는 정보 처리의 효율화를 위해 하나의 의미 기억으로서 청크해버린다. 시간이 지나 너무나도 자주 듣게 되어 불확실성이 낮은 악절이 되면 우리는 음악을 지루하다고 느끼기 시작한다.

한편 독특하고 기묘한 음악은 듣고 있으면 피곤해지기 마련이다. 뇌가 열심히 통계 학습을 하는 중이기 때문이다. 뇌가 정보 처리에 사용하는 에너지는 매우 크기 때문에 이것은 비효율적이라고 할 수 있다. 그러나 그런 정보 처리는 불확실성을 낮추는 행위이므로 뇌의 기쁨으로까지 이어진다. 그래서 사람들은 독특한 음악에 끌리기도 한다. 이러한 기쁨이 없었다면 새로운 시도나 독창적인 음악은 탄생하지 못했을 것이다.

◐ 의미 기억과 일화 기억의 연쇄

위와 같은 기억의 변화는 뇌 구조의 진화적인 변화와도 맞아떨어진다. 캐나다의 심리학자인 엔델 툴빙이 제안한 기억의 계층 구조 모형은 생물의 진화 과정을 잘 보여준다(74쪽 그림 참조).

· 기억의 계층 구조 ·

창조성

일화 기억
(자신의 스토리)

단기 기억

의미 기억 (지식)

점화 기억 (선입견)

절차 기억 (몸으로 기억한다)

기억의 계층 구조에서 제일 아래층에 있는 절차 기억은 자전거를 타는 법이나 신발끈을 묶는 법과 같이 특정한 과제를 수행하는 순서에 대한 기억이다. 절차 기억은 의미 기억이나 일화 기억과는 달리 의식적인 노력이 없이도 인출될 수 있으며 자동적인 것처럼 보이는 것이 특징이다. 절차 기억은 인간 이외의 모든 동물에게 있는 뇌의 기저핵이나 소뇌에서 만들어진다고 본다.

한편 상위에 있는 일화 기억은 인간이나 일부 포유류의 진화한 뇌의 해마에서만 만들어진다. 이러한 사실에서 우리는 일화 기억이 강하게 관여하는 개성이나 창조성이야말로 인간다움의 가장 큰 특징임을 알 수 있다.

다만, 일화 기억을 생성하기 위해 반드시 의미 기억이 필요하듯이 새로운 불확실한 것을 만들어내려면 먼저 기존 정보의 불확실성을 낮출 수 있을 만큼 낮춰 놓아야 한다. 그리고 자신의 개성과 창조성을 키우기 위해서는 압축과 의미 기억의 보존을 통해 뇌가 처리할 수 있는 빈 용량을 늘려 놓아야 한다. 다시 말해 일화 기억만으로는 절대 개성이나 창조성, 독창성이 만들어지지 않는다. 일화 기억과 의미 기억 생성이 연쇄적으로 이루어져야만 가능한 것이다.

우리 인간의 뇌 속에서는 새로운 것을 이해하고 모델화해 알기 쉽게 만들자는 의미 기억의 욕구와 아직 모델화되어 있지 않은 새로운 것을 창조하고 싶다는 일화 기억의 추구 사이에 각축을 벌이고 있다. 그리고 이러한 싸움이 통계 학습을 통해 계산하는 불확실성에 흔들림을 만들어내며, 이러한 흔들림이야말로 인간의 행동이나 사고, 의욕 등에 영향을 끼치고 개성과 창조성으로 이어지는 것이다.

노르웨이 베르겐대학교의 스테판 코엘슈 교수는 이 불확실성이 증가하고 감소함에 따른 '흔들림'이 바로 음악 등의 예술적 감성 그 자체라고 주장한다.

흔들림은 개성과 창조성의 씨앗이 된다

◎ 일반화와 특수화의 사이클

창조성이란 다른 사람이 아직 만든 적이 없는 새로운 아이디어나 작품을 만들어내는 것이다. 또한 창조적인 아이디어나 작품은 아직 대중적으로 알려지지 않은 새로운 것이기에 불확실성이 높다. 그러면 이번에는 불확실성에서 오는 마음의 동요와 창조성·개성의 관계를 자세히 설명하겠다.

앞에서 이야기했듯이 통계 학습에는 의미 기억을 생성하는 일반화(추상화)와 일화 기억을 생성하는 특수화(구체화)라는 두

· 일반화와 특수화에 따른 흔들림 ·

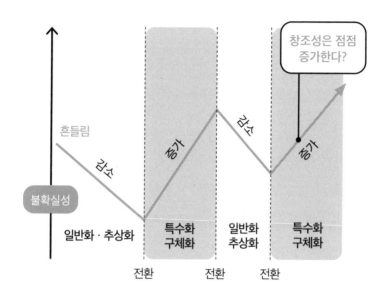

가지 역할이 있다. 일반화에서는 주변의 온갖 정보로부터 높은 확률의 덩어리를 청크하고 의미 정보를 부여함으로써 모두가 공유할 수 있는 의미 기억으로 변환한다. 한편 특수화에서는 앞에서 청크한 복수의 의미 기억을 다양하게 조합함으로써 독자적인 일화 기억을 생성한다.

불확실성의 관점에서 보면 전자는 높은 확률의 정보 덩어리를 청크해서 하나의 정보로 만들어 정보량을 줄이기 때문에 불확실성이 낮아지게 된다. 그러나 후자는 청크한 정보를 조합해 새로운 정보를 생성하기에 불확실성이 다시 높아지는 경향이 있다.

이런 측면에서 생각해보면 개성이나 창조성이 만들어지기 위해서는 특히 일화 기억의 생성에 관한 통계 학습이 중요한 역할을 하고 있는 것처럼 보인다.

그러나 개성이나 창조성을 발휘하는 데는 통계 학습의 불확실성을 낮추는 일반화와 불확실성을 높이는 특수화가 모두 중요하다. 오히려 일반화와 특수화의 사이클을 통해 공동으로 창조하는 것이 중요하다고 보는 것이 옳을 것이다.

○ 두 종류의 통계 학습에서 탄생하는 '흔들림'

예를 들어 피아니스트 같은 연주자의 놀라운 기교나 민첩하고 복잡한 움직임 등은 '압축'과 관련이 있다. 처음에는 도, 레, 미… 처럼 악절 내의 수많은 음을 하나하나 배워야 했던 것이 연습을 반복하다 보면 악절을 머릿속에서 하나의 정보로 압축함으로써 한 번 생각한 것만으로 연주할 수 있게 된다. 이렇게 해서 뇌의 메모리 용량에 여유가 생기게 되고 정보 처리 속도가 높아져 놀라운 기교나 민첩한 움직임도 가능해지는 것이다.

게다가 정보의 청크로 뇌의 메모리 용량에 여유가 생기면 앞에서 하나로 연결된 정보를 자유롭게 조합해 처리 부하가 높은 독창적인 멜로디를 작곡하거나 독자적인 테크닉을 구축하는 결과로 이어질 수 있다.

이처럼 정보의 청크를 통해 뇌의 부하를 줄이고 청크된 정보를 바탕으로 삼아 그 정보를 여러 가지 방법으로 조합함으로써 인간은 독자적인 정보를 만들어낼 수 있게 된다.

이 불확실성에 대해 반대 방향으로 움직이는 일반화(추상화)와 특수화(구체화)라는 두 종류의 통계 학습이 순환하며 공동으로 새로운 것이 만들어지면 불확실성에서 오는 마음의 동요(흔들림)가 생겨나는 것이다(77쪽 그림 참조). 이 흔들림 자체가 개성 또는 창조성의 씨앗이 된다.

◦ 고차원과 저차원의 통계 학습

통계 학습의 일반화와 특수화의 사이클은 기억에 계층화를 가져온다. 81쪽의 그림에서 보듯이 "오늘은 날씨가 좋군요"라는 정보에는 '날' '씨'라는 단순한 음의 기억, 그보다 높은 차원에 있는 '날씨'라는 청크된 의미 기억, 그리고 그보다 더 높은 차원에 있는 '날씨가 좋군요'라는 일화 기억에 가까운 기억이 계층적으로 존재한다.

'날씨'는 비가 올 때도 해가 쨍쨍할 때도 구름 한 점 없이 맑을 때도 사용되는 일반적인 말(의미 기억)이지만, '날씨가 좋군요'에는 어떤 날씨였는지 개인의 독자적인 실제 경험(일화 기억)이 관여한다. 그러므로 '날씨'보다 '날씨가 좋군요'가 더 특수화된 문장이라고 할 수 있다.

오른쪽 그림에서 가장 높은 차원의 문장인 "오늘은 날씨가 좋군요"에 이르러서 언제, 어떤 날씨였는지 앞의 문장보다 더욱 독자적인 실제 경험이 들어가 있다. 우리는 계층이 낮은 저차원의 정보(날, 씨)로부터 고차원의 정보(좋은 날씨)의 모든 의미를 이해한 상태에서 가장 고차원에 있는 하나의 문장인 "오늘은 날씨가 좋군요"를 만들 수 있다.

또한 이것은 "오늘은 날씨가 좋군요"와 같은 매우 단순한 문장 속에 있는 '저차원 → 고차원'을 예시로 든 것인데, 이 계층성은 문장이 길고 복잡해질수록 증가한다.

이를테면 "오늘은 날씨가 좋군요"라는 문장을 소설 전체에서 어느 부분에서 어디에 넣을지 고민한다고 가정하자. 소설을 "옛날 옛적 어느 곳에…"로 시작할 것인가, 아니면 "오늘은 날씨가

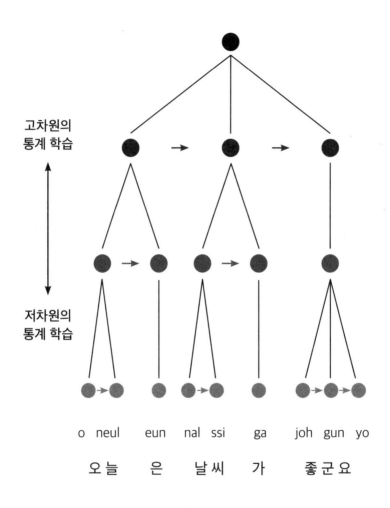

고차원의
통계 학습

저차원의
통계 학습

o neul　eun　nal ssi　ga　joh gun yo

오늘　은　날씨　가　좋군요

좋군요"로 시작할 것인가? 혹은 "공주님은 결혼해서 행복하게 살았답니다. (끝)"으로 마무리할 것인가, 아니면 "공주님은 결혼해서 행복하게 살았답니다. 오늘은 날씨가 좋군요. (끝)"으로 마무리할 것인가? 문장을 어디에 넣느냐에 따라 소설에도 개성이 생겨난다.

이처럼 통계 학습의 일반화와 특수화의 사이클은 기억에 계층을 만들고, 계층성이 높아짐에 따라 그 사람의 개성이 엿보이게 된다. 결론적으로 통계 학습은 개성이나 재능과 밀접한 관계가 있다.

○ 언어 외에도 다양한 통계 학습의 계층성

이것은 단지 언어만의 이야기가 아니다. 이를테면 집안일을 하는 방식도 마찬가지다. 세탁기를 돌리는 순서나 접시를 닦는 방식, 화장실을 청소하는 법 등은 대체로 비슷하므로 이런 것들은 통계 학습에서 말하는 일반화에 해당한다고 할 수 있다. 하지만 그 일을 하는 순서에는 그 사람 나름의 독자적인 방식, 즉 개성이 나타난다.

세탁기를 먼저 돌린 다음 세탁이 끝나기를 기다리는 동안 접시를 닦고, 화장실 청소를 한 다음 마지막에 세탁물을 너는 사람도 있을 것이고, 세탁기를 돌린 다음 세탁이 끝나기를 기다리는 동안 접시를 닦고 세탁물을 넌 뒤에 마지막으로 화장실 청소를 하는 사람도 있을 것이다. 집안일 하나하나는 특별한 개성이 없는, 즉 공통성이 높은 작업으로 보일지라도 일의 순서나 조합을 어떻게 하는지에 따라 저마다 개성이 드러나는 것이다.

이처럼 계층적인 통계 학습은 생성하는 언어뿐만 아니라 음악 등의 예술 표현 그리고 우리가 매일 하는 여러 가지 행동에도 개성을 가져올 것이다.

제3장

본질을 아는 것,
의욕을 갖는 것

'벗어남'을 벗어남으로
인식하는 힘이 중요하다

○ 인간은 '흔들림'의 세계를 즐긴다

우리는 뇌의 통계 학습을 통해서 다음에 어떤 현상이 어느 정도의 확률로 일어날지를 무의식적으로 예측한다. 덕분에 사회 환경 속에서 위험을 적절히 감지할 수 있고 안심하며 살아갈 수 있다. 또한 그 예측의 불확실성을 낮추는 것은 뇌의 정보 처리 효율을 높이는 결과로도 이어진다.

　모든 정보에 주의를 기울일 필요는 없다. 경계해야 할 정보에만 뇌의 에너지를 사용하면 되기에 우리는 불필요한 에너지를 사용하지 않아도 된다. 그런 까닭에 뇌는 불확실성을 낮추는 것에서 기쁨과 보상을 얻을 수 있게 되었다.

한편 뇌는 불확실성이 완전히 낮아진(모든 것을 완벽히 이해한) 정보에 대해서는 더 이상 흥미를 느끼지 않게 된다. 불확실성이 최대한으로 낮아진 정보에서는 그 이상의 기쁨과 보상을 얻을 수 없기 때문이다. 이때 일어나는 현상이 뇌의 싫증이다. 뇌는 완벽히 이해한 정보를 따분하다고 느끼며 재미있는 것을 찾아 나서는데 이때 발견한 불확실한(모호한) 정보에 흥미를 품게 된다. 불확실하고 모호한 정보는 정체를 알 수 없기에 불안하기는 하지만 불확실성이 최대한으로 낮아진 정보보다는 앞으로 더 많은 기쁨과 보상을 기대할 수 있기 때문이다.

이처럼 뇌의 통계 학습에는 불확실성을 낮추고 싶다는 바람(일반화)과 불확실한 정보에 대한 흥미(특수화)라는 상반되는 두 가지 힘이 존재한다. 이 둘은 서로를 끌어당기는 형태가 되고 상반되면서도 서로를 잡아당기는 힘이 '불확실성에서 오는 마음의 동요'를 만들어낸다.

최근에는 이러한 '흔들림'이 개성이나 창조성에서 더 나아가 재능이나 예술까지 지대한 영향을 끼치는 것으로 생각되고 있다. 우리 인간은 바로 이 흔들림의 세계를 즐기고 있는 것이다.

○ 같은 확률 예측이라 해도 확신도는 다르다

그렇다면 인간은 '흔들림'을 어떻게 인식할까? 흔들림을 흔들림으로 인식하지 못한다면 애초에 즐기는 것이 불가능하다.

열쇠가 되는 것은 확신도certainty factor다. 확신도란 얼마나 강한 확신을 갖고 예측할 수 있는가를 말한다. 같은 확률을 예측했더라도 확신도는 다르기 마련이다. 예를 들어 주사위를 6회 던져서 숫자 1이 한 번 나온 경우를 생각해보자. 이때 1이 나올 확률은 6분의 1(16.7퍼센트)이다. 다만 그 확률이 정말로 옳은지는 확신할 수 없다. 어쩌면 조작된 주사위여서 이번에 딱 한 번만 1이 나왔을 뿐 앞으로는 나오지 않을지도 모른다. 따라서 "1이 나올 확률은 6분의 1이야"라고 자신 있게 말하기는 어려울 것이다.

주사위를 600회 던져서 1이 100회 나왔다면? 이 경우도 1이 나올 확률은 6분의 1(16.7퍼센트)이다. 그러나 6회만 던졌을 때 비해서는 확신을 갖고 "1이 나올 확률은 6분의 1이야"라고 말할 수 있다. 즉 던지는 횟수가 많을수록 예측의 확신도가 상승하게 된다. 이번에는 1부터 10까지의 숫자가 적힌 열 가지 종류의 카드 중에서 한 장을 뽑는다고 가정해보자. 처음에 10회를 뽑았을 때 숫자 7이 적힌 카드가 한 번(10퍼센트) 나왔고, 다음에 다시 10회를 뽑았더니 7이 적힌 카드가 9회(90퍼센트) 나왔다면 이 경우에는 7이 적힌 카드가 나올 확률은 50퍼센트(20회 중 10회)가 된다. 그러나 처음 10회와 다음 10회의 결과 사이에 편차가 너무 커서 안정적이지 않다. 따라서 이때도 "7이 나올 확률은 50퍼센트야"라고 자신 있게 말하기는 어려울 것이다.

그렇다면 처음 10회 중 7이 다섯 번, 다음 10회에도 7이 다섯 번 나왔을 경우는 어떨까? 평균은 위의 상황과 같은 50퍼센트(20회 중 10회)지만 앞의 예에 비하면 더 확실하게 7이 나올 확률이 50퍼센트라고 말할 수 있다. 이것은 야구에서도 마찬가지다. 같은 3할 타자라 해도 타석에 1,000회 들어선 타자와 대타로 3회만 타석에 들어선 타자는 타율 3할의 확신도가 완전히 다르다. 당연히 '이 사람은 30퍼센트의 확률로 안타를 칠 것'이라는 강한 확신을 품고 예측할 수 있는 쪽은 타석에 1,000회 들어선 3할 타자일 것이다.

◉ 초보자는 예상 밖의 결과가 나와도 놀라지 못한다

91쪽의 그림은 예측의 확신도를 나타낸 것이다. 이 그림에서 ①과 ②는 A라는 현상을 50퍼센트의 확률로 예측했을 때 뇌의 상태다. 가로축은 예측의 확률을 말하는데 왼쪽으로 갈수록 이

외의 선택지(0퍼센트)가 되고 오른쪽으로 갈수록 확실한 선택지 (100퍼센트)가 된다.

①도 ②도 A를 50퍼센트의 확률로 예측했기 때문에 50퍼센트가 산의 정점이 된다. 다만 ①과 ②가 다른 점은 그래프 중앙의 볼록함이다. 바로 이 볼록함이 앞에서 이야기한 확률의 확신도를 나타낸다.

①의 50퍼센트를 정점으로 그래프의 봉우리가 완만하게 기우는 상태는 다음에 A가 올 확률은 아마도 50퍼센트겠지만 그다지 확신은 없는 상태(확신도가 낮다)를 의미한다.

②의 50퍼센트를 정점으로 봉우리가 급하게 기우는 상태는 다음에 A가 올 확률은 거의 틀림없이 50퍼센트라고 강하게 확신하는 상태(확신도가 높다)를 나타낸다.

하지만 이 예측에 대해 A의 확률이 75퍼센트라는 예측에서 벗어난 정보가 들어왔다고 가정해보자(그림에서 ★의 위치). 이때 ①이라면 예측 범위 안이기 때문에 '뭐, 그럴 수도 있겠지'라고 아무렇지 않게 생각한다. 50퍼센트의 확률이라고 생각은 했지만 그다지 확신은 없었던 까닭에 크게 놀라지 않은 것이다.

그렇다면 ②의 경우는 어떨까? A의 확률은 75퍼센트임을 안 순간 '뭐!? 그게 정말이야?'라며 깜짝 놀랄 것이다. 50퍼센트가 거의 틀림없다고 확신했던 만큼 그 예측이 벗어나면 매우 놀라

· 예측의 확신도 그래프 ·

① 50퍼센트를 예측했지만 확신은 없는 상태

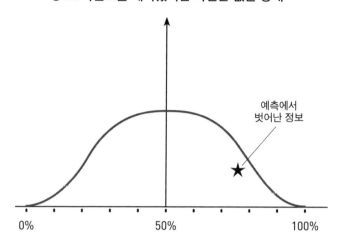

예측에서
벗어난 정보

0%   50%   100%

② 50퍼센트가 틀림없다고 확신한 상태

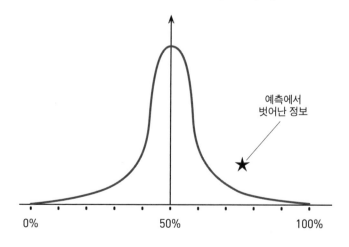

예측에서
벗어난 정보

0%   50%   100%

게 되는 것이다. 또한 이 그림은 학습을 통해 어떤 현상 A를 확실히 50퍼센트라고 강하게 확신하며 예측할 수 있게 되는 것을 의미한다. ①은 학습 전 뇌의 상태, ②는 학습 후 뇌의 상태를 나타낸다. 요컨대 인간은 학습(훈련을 반복하거나 연습을 거듭)함으로써 확신도를 높일 수 있다.

뇌가 통계 학습을 통해 전이 확률과 불확실성을 예측할 때도 마찬가지다. 수없이 훈련을 반복하고 연습하면 정보의 편차가 작아져 어떤 현상에 대해 일반적으로 확신을 품고 예측할 수 있게 된다. 이렇게 예측의 정확도를 높여 뇌에서 안정적으로 외부 세계의 정보를 인지하게 되는 것이 통계 학습의 근본적인 기능이다.

◉ 전문가는 아주 약간의 벗어남도 인식할 수 있다

확신도가 높은 상태로 예측할 수 있게 되면(예측의 정확도가 높아지면) 아주 약간의 벗어남에도 예상 밖이라며 놀랄 수 있다.

방대한 시간을 들여 음악을 즐기는 프로 피아노 연주자의 뇌의 예측 정확도는 91쪽의 그림 ②와 같은 상태(학습 후)라고 볼 수 있다. 이처럼 확실성이 증가했기에 미묘한 리듬의 어긋남이나 불일치를 벗어남으로 정확히 인식한다. 전문 연주자는 초보자가 인식하지 못할 만큼 사소한 어긋남도 벗어남으로 인식할 수 있다. 그리고 어긋남이 적고 정확도가 높은 연주도 할 수 있게 된다.

그렇다면 피아노 초보자는 어떨까? 어느 정도는 악보대로 연주할 수 있다고 해도 연습을 충분히 하지 않으면 리듬이 어긋나거나 일치하지 않았을 때도 박자가 어긋났는지, 틀렸는지를 잘 인식하지 못한다. 이때 초보자의 뇌 상태는 91쪽의 그림 ①(학습 전)에 해당한다. 연주의 정확도가 낮아서(봉우리가 완만해서) 리듬이 어긋나거나 일치하지 않더라도 모두 예상 범위 안(봉우리의 안쪽)에 포함되어버리는 것이다.

◐ 완벽하게 연주하면 음악을 갖고 놀 수 있다

다시 한번 강조하지만 개성이나 창조성은 '흔들림'에서 탄생한다. 이 흔들림은 불확실성의 저하(일반화)와 불확실성의 증가(특수화)라는 상반되는 두 힘이 서로를 끌어당기는 사이클에서 만들어진다.

이것을 앞에서 언급한 프로 연주자의 예를 통해 설명해보겠다. 그들은 정확하고 안정된 음악(불확실성이 낮은 음악)을 연주할 수 있기에 살짝 벗어난 음악을 변주할 줄 안다. 그리고 지나치게 벗어났을(불확실성이 너무 높아졌을) 경우는 이를 수정해 안정적인 음악으로 돌아갈(불확실성을 감소시킬) 줄도 안다.

벗어남과 수정을 적절히 이용해 미묘한 흔들림을 만들어낼 줄 아는 것이다. 이 흔들림이 바로 개성 있는 연주, 창조성이 높은 연주가 된다고 할 수 있다. 벗어남을 벗어남으로 올바르게 인식할 수 있기에 의도적으로 벗어나게도 연주할 수 있다. 재즈의 텐션 등이 여기에 해당한다.

연습을 충분히 하지 않으면 애초에 벗어남을 벗어남으로 인식하지 못하기 때문에 흔들림의 세계에서 즐기지 못한다. 창조는 끊임없는 반복에서 시작된다. 그러니 연습을 무료한 반복이라 무시하면 안 된다. 수없이 많은 무료한 반복 속에서 엉뚱하고 기발하고 신선한 창조가 이루어진다.

연습을 반복해서 정확히 연주할 수 있게 될 때 비로소 정확한 연주법을 숙지하게 되고 약간의 벗어남을 즐기는 흔들림의 연주도 가능해진다. 즉 완벽하게 연주할 수 있게 된 후에야 자기만의 개성과 창조성 그리고 예술적 감성이 깃들게 되는 것이다.

○ 본질을 아는 것은 본질을 익히는 것

스페인 바르셀로나의 세계적인 건축물인 사그라다 파밀리아 성당을 설계한 것으로 유명한 대건축가 안토니 가우디Antoni Gaudi는 다음과 같은 말을 남겼다.

"독창성originality은 근원origin으로 돌아가는 것에서 비롯된다."

새로운 것을 만들어내려면 먼저 그 본질을 알아야 한다는 의미다. 창조적이라 해서 한없이 옆길로 벗어나서는 안 된다. 일상적인 것을 관찰해서 더욱 좋게 하려고 노력하는 것으로 충분하다. 기본적인 요리를 모르는 사람이 독자적인 요리를 만든다 한들 얼마나 대단한 요리를 만들 수 있을까?

한 번 안 것만으로는 진짜로 이해했다고 말할 수 없다. 알게 된 것을 안으로 집어넣어 온전히 내 것으로 만들어야 그다음 단계에 독자적이고 창의적인 아이디어가 생길 수 있다.

아마도 창의력이 풍부한 사람은 자유분방하게 성장했으리라 생각할 것이다. 그러나 실제로는 기본적인 학문이나 본질적인 교육을 엄격하게 받은 경우가 많다고 한다. 이것은 검술 수련 등 일본의 무예에서 깨우침을 말할 때 종종 이야기하는 명제인 '수파리守破離'와도 통하는 면이 있다. 수파리란 기본적인 형태와 기술의 기초가 되는 것을 철저히 몸에 익힌 다음(수), 그 가르침을 깨뜨려 다른 형태나 새로운 기술, 표현을 도입해 응용하고(파), 그것들을 전부 사용하되 얽매이지 않고 자신만의 독자적인 것을 만들어낸다(리)는 것이다.

20세기 최고 화가 중에서도 창의적이고 실험적인 예술가로 유명한 피카소의 초기작이 전통적인 미술사조의 기법들을 충실히 따르고 있다는 것은 익히 알려진 바이다. 창의성을 발휘하고 싶다면 내가 창의적이고자 하는 분야의 지식을 일단 충실히 익히는 것이 중요하다.

지금까지의 이야기를 정리하자면 '미묘한 벗어남(흔들림)'을 즐기기 위해서는 '벗어남'을 벗어남으로 인식할 수 있도록 앞에서 말한 주사위 던지기 예와 같이 연습이나 훈련을 거듭하는 것, 즉 본질을 이해할 때까지 기초를 쌓아 올리는 것이 무엇보다 중요하다. 진정한 창의성은 기존 지식에 대한 심도 있는 분석과 성찰을 토대로 새로움과 유용성을 모두 갖췄을 때 완성된다.

의욕이나 지적 호기심이
중요한 이유는

◦ 익숙한 것만 접하면 뇌는 쉽게 싫증 난다

이처럼 두 가지 통계 학습(일반화와 특수화)의 상반되면서도 서로를 끌어당기는 힘이 '흔들림'을 만들어낸다. 그 흔들림이야말로 개성이나 창조성의 원천이라고 할 수 있다. 절대로 특수화만 중요한 것이 아니다. 피아노를 악보대로 정확히 연주할 수 있고 요리의 기본부터 확실하게 익힐 수 있는 일반화도 매우 중요하다. 두 가지가 함께 할 때 비로소 개성이 만들어지며 창조성이 발휘된다.

다만 일반화(연습, 훈련, 기초)만 하면 금방 따분해져 싫증이 날 수 있다. 때로는 나다움, 특수화 같은 것도 필요하다. 이 일반화와 특수화 두 가지의 흔들림을 적절히 조절하는 것이 필요한데, 이때 의욕이나 흥미, 지식에 대한 호기심이 무엇보다 중요하다.

사람은 누구나 살면서 끊임없이 새로운 것을 접하게 된다. 그러면 뇌가 그 정보를 처리하기 위해 에너지를 대량으로 사용하는 탓에 피로감을 느끼곤 한다. 하지만 끊임없이 익숙한 것만 접하는 상황이 오면 뇌는 싫증을 내는데, 그렇게 되면 지적 호기심이나 감동도 생기지 않는다.

○ 사람은 미묘한 벗어남에 호기심을 품는다

일상생활이 지루할 때 우리는 지금까지와는 다른 새로운 일에 감동한다. 반대로 변화무쌍한 하루하루를 보내거나 매일 다양한 사람과 만나야 한다면 평온하거나 그리운 것을 찾게 된다. 밥과 국, 간단한 반찬이 전부인 집밥을 먹고 있을 때는 유명 요리사의 식당에서 먹는 풀코스 요리에 감동하지만, 매일 호화로운 프랑스 요리만 먹게 되면 집에서 만든 소박한 음식이 그리워지는 것과 같은 이치다.

이처럼 우리는 창조성이 넘쳐나는 예술에만 감동하는 것이 아니다. 안정적이면서 알기 쉬운 것과의 균형에서 비롯되는 흔들림에 감동한다고 할 수 있다.

공부할 때도 마찬가지다. 대학 입시생에게 도저히 이해되지 않는 어려운 문제만 계속 풀게 하면 공부할 의욕을 잃어버릴 수 있다. 우리는 어느 정도는 알지만 정확히는 잘 모르는 문제를 풀 때 흥미를 느끼고 공부할 의욕이 생긴다. 그리고 어느 정도는 알지만 정확히는 모르는 문제가 바로 예측으로부터 미묘하게 벗어난 것에 해당한다.

이처럼 사람은 예측에서 지나치게 벗어나지 않고, 그렇다고 해서 예측 그대로도 아닌 미묘한 벗어남에서 뭐라 말하기 힘든 감동을 하며 의욕이나 흥미, 호기심을 갖게 되는 것이다.

○ 배울수록 '알았다는 느낌'을 얻기가 어려워진다

우리는 새로운 것을 공부하면서 여러 가지 사실을 알게 되었을 때 기쁨과 두근거림을 느낀다. '재미있네' '그렇구나!' 하며 공감할 수 있는 것이다.

그러나 계속해서 지식을 얻다보면 점점 따분해지기도 한다.

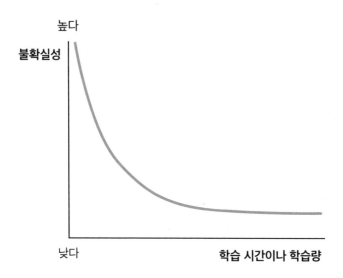

· 학습의 정도에 따른 불확실성의 변화 ·

높다

불확실성

낮다   학습 시간이나 학습량

학습할수록 지식이 변화하는 것을 실감할 수 없기 때문이다. '알았다!'라는 느낌이 줄어드는 것이다.

간단한 예를 들어보겠다. 이를테면 A가 어느 정도의 빈도로 나타나는지를 학습한다고 가정하자. 먼저 A가 4회 중 2회 출현했을 경우, 우리는 A가 50퍼센트의 확률로 나타남을 알게 된다. 그리고 다음에 다시 한번 A가 나타나면 5회 중 3회로 확률은 50퍼센트에서 60퍼센트가 된다. 이 경우는 학습을 한 번 늘렸을 때(4회에서 5회)의 확률의 변화량(지식의 갱신)이 10퍼센트라는 것을 알 수 있다.

한편, A가 총 40회 중 20회 나타났을 경우는 어떨까?

앞의 예와 마찬가지로 A가 50퍼센트의 확률로 나타남을 알 수 있다. 그리고 다음에 다시 한번 A가 출현했다면 41회 중 21회가 되어서 확률은 51퍼센트가 된다. 이 경우는 학습을 1회 늘렸을 때(40회에서 41회)의 확률의 변화량(지식의 갱신)이 1퍼센트밖에 되지 않는다.

4회에서 5회일 때와 마찬가지로 학습 횟수가 1회 늘었음에도 확률의 변화량은 매우 삭은 것이다. 그래서 알았다는 기쁨이나 지식을 얻었다는 게 실감 나지 않는다.

학습에서 얻는 기쁨이 반드시 시간이나 양에 비례하지는 않는다. 그리고 이것은 확률의 변화뿐만 아니라 불확실성의 변화도 마찬가지다. 100쪽의 그림에서 보듯이 학습 시간이나 학습량이 증가할수록 불확실성의 감소세는 처음보다 약해지는 것을 알 수 있다. 이것이 바로 학습 과정에서 느끼게 되는 싫증의 정체다.

○ 뇌가 흥분을 느끼는 상태란

뇌는 완벽히 이해한(불확실성이 완전히 낮아진) 정보를 따분하다고 느끼고, '뭔가 재미있는 게 없을까?' 하면서 일부러 불확실한 정보에 흥미를 느낀다. 새롭고 불확실한 정보는 정체를 알 수 없어 불안하기는 하지만, 불확실성이 완전히 낮아진 정보보다는 앞으로 더 많은 기쁨과 보상을 기대할 수 있기 때문이다.

이처럼 학습의 의욕을 유지하기 위해서는 불확실성의 균형을 적절히 유지하는 것이 중요하다. 같은 것만 반복해서는 기쁨과 보상을 얻을 수 없다. 반대로 새로운 것에만 관심을 보이는 것도 앞으로 기쁨과 보상을 얻을 수 있을지 없을지를 전혀 알 수가 없다.

그렇다면 '딱 적절한 불확실성'이란 어떤 상태일까? 그것을 보여주는 한 가지 예로 '역U자 모델'이 있다(103쪽 그림 참조). 103쪽의 그래프는 불확실성과 흥미나 두근거림(의욕)의 균형을 나타내는 것이다.

간단히 말하자면 뇌는 너무 단순하지도 않고 너무 어렵지도 않은 중간의 불확실성을 가진 정보를 가장 좋아한다. 요컨대 뇌가 흥분을 느끼는 것은 어느 정도 불확실하지만 너무 불확실하지는 않은, 균형 잡힌 정보다.

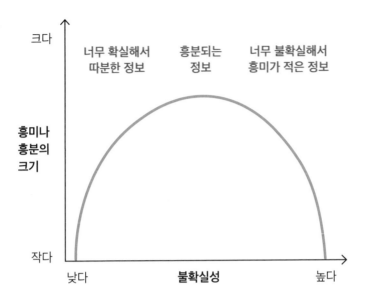

· 역U자 모델 그래프의 균형 ·

크다

너무 확실해서
따분한 정보

흥분되는
정보

너무 불확실해서
흥미가 적은 정보

흥미나
흥분의
크기

작다

낮다

불확실성

높다

예를 들어 텔레비전 등에서 흘러나오는 '치이익~' 하는 소리 (화이트 노이즈)는 법칙성이 없는 불규칙한 소리다. 그래서 화이트 노이즈로부터 어떤 법칙성을 파악하는(불확실성을 낮춰 보상을 얻는) 것은 매우 힘들다.

그런 까닭에 우리는 일반적으로 화이트 노이즈에 흥미를 보이지 않는다. 역U자 모델에서 오른쪽 끝에 위치하는, 불확실성이 지나치게 높은 정보이기 때문이다.

한편 '도' 음만이 계속 흘러나오는 소리를 들었다고 가정하자. 이럴 때 뇌는 화이트 노이즈와 반대로 '도가 계속 흘러나온다'라는 법칙을 순식간에 파악한다. 화이트노이즈와는 다른 완전히 확실한 정보인데, 이런 소리에도 우리는 화이트노이즈와 마찬가지로 흥미를 보이지 않는다. 지나치게 간단해서 더 이상의 보상(불확실성의 저하)을 기대할 수 없기 때문이다. 이것은 역U자 모델의 왼쪽 끝에 위치하는 불확실성이 지나치게 낮은 정보가 된다. 이처럼 뇌는 어느 정도의 불확실성을 가지면서도 지나치게 불확실하지는 않은 정보에 흥미와 호기심을 보이거나 흥분하게 된다.

동기는 인간의 사고와 행동을 좌우한다

○ **불확실성에서 오는 마음의 동요와 동기 유발**

불확실성에서 오는 마음의 동요는 개성과 창조성의 원천이므로 이러한 흔들림을 능숙하게 제어하는 것이 매우 중요하다. 이를 위한 열쇠가 바로 무언가를 하고 싶게 만드는 요인, 즉 동기인데, 이러한 동기에는 여러 종류가 있다.

외재적 동기extrinsic motivation는 금전적 보상이나 타인의 칭찬 등을 목적으로 삼는 행동의 의욕을 가리킨다. 외재적 동기의 좋은점은 목적이나 목표가 명확하기에 확실하게 보상을 얻을 수 있다는 것이다.

시급이 5만 원인 아르바이트를 열심히 하는 것도 1시간을 일하면 5만 원이라는 금전적 보상을 받을 수 있다는 확신이 있기 때문이다. 다만 외재적 동기에만 행동이 좌우된다면 편하게 목표를 달성할 수 있는 데에만 초점을 맞춰 행동하게 된다. 어차피 시급 5만 원을 받을 수 있다면 힘든 일보다 편한 일을 하자고 생각하게 되는 것이다.

외재적 동기와 짝을 이루는 의욕으로 내재적 동기intrinsic motivation가 있다. 이것은 성취감이나 충족감 등 마음에서 솟아나는 의욕을 가리킨다. 내재적 동기는 내부에서 솟아나는 감정이 보상(뇌의 기쁨)이 되므로 돈이나 칭찬을 위해서가 아니라 순수하게 자신의 즐거움이나 지적 호기심을 위해 행동하게 된다. 앞에서 이야기했던 균형 잡힌 불확실성에 흥미나 호기심을 느끼는 것과 관련이 있다.

○ 외재적 동기는 불확실성이 낮은 정보를 좋아한다

동기의 차이에 따라 사고의 유형이 달라지는 경우가 있다. 외재적 동기는 확실히 보상을 얻기 위한 방법이 어느 정도 한정된 까닭에 불확실성이 낮은 정보에 주목한다. 그리고 확실하고 위험성이 낮으며 확률이 높은 사고를 하게 되는 것이다. 외재적 동기는 개성이나 창조성이 억제되기 쉽다는 사실도 보고되었다.

또한 외재적 동기는 의욕이 낮은 사람에게 긍정적이고 능동적인 마음을 불러일으킬 때 도움이 되는 것으로 알려져 있다. 이를테면 돈을 받을 수 있다는 외재적인 동기 부여가 있으면 무언가를 하고자 하는 마음이 없더라도 일을 할 수 있게 되는 경우도 보면 알 수 있다. 단시간에 목표를 달성할 때도 도움이 된다고 할 수 있다.

내재적 동기는 명확하고 객관적인 목표(며칠까지 무엇을 끝내게 하는 등)가 약하기 때문에 보상을 얻기까지 시간이 걸릴 때가 많지만, 외재적 동기의 경우 수치로 목표를 달성하는 것이 강한 동기 부여가 된다.

○ 내재적 동기는 불확실성이 높은 정보를 좋아한다

내재적 동기는 지적 호기심처럼 알지 못했던 것(불확실한 정보)을 이해함으로써 뇌의 기쁨과 보상을 얻는 까닭에 불확실성이 높은 정보에 흥미를 갖는다. 외재적 동기에 비하면 모호하고 불확실한 사고를 하기 쉬워지기 때문에 내재적 동기에서 창조적인 활동이 탄생할 때가 많다.

또한 목표를 달성하면 그 이상 하지 않으려는 외재적 동기와 달리, 내재적 동기는 지적 호기심과 같은 의욕을 오랫동안 유지할 수도 있다.

다만 여기에서 하고 싶은 말은 두 유형의 동기 중 어느 한쪽이 좋고 어느 한쪽이 나쁘다고 단정 지으면 안 된다는 것이다. 두 유형의 의욕을 상황에 따라 적절히 활용하거나 고르게 균형을 이루는 것이 중요하다.

○ 돈도 중요하고 호기심도 중요하다

내재적 동기의 경우에도 뇌에 보상을 주는 방법에 따라 의욕이 달라지기도 한다. 그런 방법의 하나가 언더마이닝 효과로, 심리학자인 에드워드 L. 데시와 스탠퍼드대학교의 마크 R. 레퍼 교수 등이 실시한 실험을 통해서 밝혀졌다.

뇌의 보상에는 크게 두 종류가 있다. 하나는 금전이나 타인의 칭찬같이 외부에서 주어지는 외적 보상이고, 다른 하나는 흥미나 지적 호기심의 충족과 같이 마음속에서 솟아나는 내적 보상이다.

언더마이닝 효과는 본래 지적 호기심 같은 내재적 동기에 이끌려 행동하던 사람이 돈 같은 외적 보상을 받게 되자 언제부터 인가 내재적 동기가 하락하는 현상을 말한다. 급기야 그들은 외적인 보상을 받지 못하면 '이걸 한들 의미가 없어'라고 생각하게 된다.

이를테면 본래 피아노가 재미있고 즐겁다고 느껴서 피아니스트를 꿈꾸며 열심히 연습하고 기초를 다졌던 사람(내재적 동기에 이끌려서 행동하던 사람)이 그도록 꿈꿨던 피아니스트가 되어 돈을 벌게 되자(외적 보상을 많이 받게 되자) 점차 본래의 의욕을 잃어버리는 것도 언더마이닝 효과라고 할 수 있다. 다만 반대로 상을 받기 위해서 노력하는 것과 같이 외적 보상이 행동 의욕을 부추기는 플러스 효과도 있다. 이것을 향상 효과라고 한다.

이처럼 본래의 순수한 내재적 동기를 추구하며 행동하기 위해서는 뇌에 보상을 어떻게 줄 것인가도 중요하다. 여기에서는 외적 보상(금전적인 보수 등)뿐만 아니라 내적 보상(즐거움이나 호기심)도 충분히 주는 것이 좋다. 즉 두 가지 보상이 적절히 균형을 이루도록 목표를 설정하는 게 중요하다.

또한 내재적 동기와 외재적 동기 외에도 이기적 동기와 이타적 동기로 분류하기도 한다. 이기적 동기는 나를 위해서 열심히 하고자 하는 의욕을 말한다. 한편 이타적 동기는 누군가 상대방을 위해서 행동하려 하는 의욕이다. 이 경우도 두 가지 의욕이 모두 중요함은 굳이 말할 필요도 없다.

동기의 차이가 문화적 배경에 의존하는 경우도 있다. 해외 연구소에서 일하던 시절 동료들은 내게 종종 "일본인은 이타적인 동기가 너무 강해"라고 말하곤 했다. 아마도 국가나 문화에 따라 다른 사고방식이 그 사람의 동기에도 영향을 주는 게 아닐까 생각한다.

이처럼 각각의 동기에는 서로 장단점이 있기에 상황에 맞춰 적절히 활용하는 것이 바람직할 것이다. 그렇게 하기 위해서는 자신이 어떤 동기에 이끌려서 행동하고 있는지 객관적으로 인식하는 것이 중요하다.

언더마이닝 효과

❶ 음악은 즐겁다, 재밌다고 느끼면서 열심히 연습한다.

❷ 프로 연주자가 되어 돈을 받게 된다.

❸ 돈을 받기 위해 일하게 된다.

❹ 의욕이 저하된다.

· 다양한 동기의 유형 ·

이타적 동기	이기적 동기		
• 사회적 사명감 • 어려움에 처한 사람을 구하고 싶다 • 세상을 바꾸고 싶다 • 상대방이 기뻐하는 모습을 보고 싶다	• 기능을 익히고 싶다 • 즐겁고 싶다 • 지적 호기심	내재적 동기	지속적 (장기적)
• 가족의 생활을 위해 일한다	• 출세하고 싶다 • 사회적으로 신뢰를 얻고 싶다 • 칭찬받고 싶다 • 돈을 벌고 싶다	외재적 동기	단발적 (단기적)

○ 편찻값 교육은 외재적 동기를 유발하기 쉽다

연구 결과에 따르면 사람들은 내재적으로 동기화될 때 더 열심히 일하며 자신이 하는 일을 더 많이 즐기고 더욱 창의적이 된다고 한다. 그리고 외적 보상이나 처벌이 내재적 동기를 감소시킬 수 있다고 한다. 한 실험에서 퀴즈 문제 푸는 것에 관심이 있는, 즉 내재적으로 동기화된 대학생들에게 성공적으로 퀴즈 문제 풀면 보상을 준 경우와 그렇지 않은 경우를 비교해 보았더니, 전자가 퀴즈를 푸는 행동을 감소시켰다고 한다. 보상이 내재적 동기를 잃어버리게 만들 수 있다는 것을 보여주는 예이다. 마찬가지로 학습 과제를 수행하면서 경쟁이나 평가와 같은 사회적 통제, 즉 처벌을 중요시하는 경우 역시 내재적 동기와 창의성을 훼손한다고 한다.

이야기가 샛길로 빠지지만, 잠시 일본의 교육에 관해 언급하고 넘어가려 한다. 지금까지 일본에서 실시해온 편찻값 교육은 외재적 동기만을 자극하는 측면이 컸다. 편찻값이란 한국의 표준점수에 해당하는 대학교 입시 지표를 말한다.

편찻값(숫자)을 높이기 위해 열심히 공부하는 행위는 외재적인 동기를 유발하기 쉽다. 이것은 교과서 위주로 되도록 효율적으로 공부해 높은 점수를 넘으로써 좋은 평가를 받는다는 명확한 목표가 있기 때문이다.

사회에 진출해서도 역시 결과나 매출액을 평균보다 높이기 위해 노력하게 되는데, 이것도 어떤 의미에서는 편찻값 교육의 연장이라고 할 수 있다. 하지만 여기에만 집착한다면 창조적인 것을 만들어내는 활동으로 이어지기는 어려울 것이다.

평균 수명이 연장되면서 100세 시대라는 말도 흔해졌다. 이제는 평생 공부해야 하는 시대다. 사회에 진출해서도 공부하고, 평생에 걸쳐 계속 공부하기 위해서는 배움의 기쁨(내재적 동기)을 아는 것이 중요하다. 물론 배우는 즐거움, 지적 호기심 같은 내재적 동기만 중요한 것이 아니라 외재적 동기도 마찬가지로 중요하다. 어느 한쪽의 동기만 필요한 게 아니라 두 가지 동기가 균형 있게 있어야 한다.

지금까지의 편찻값 교육이나 결과 위주의 사회 환경에서 외재적 동기와 내재적 동기가 한쪽으로만 편중되어 있었다면 앞으로는 서서히 균형을 맞춰 창조적인 활동으로 이어질 수 있도록 해야 한다.

수렴적 사고와
확산적 사고의 공동 창조

두 가지 사고와
불확실성에서 오는 흔들림

○ 인간의 '사고'라는 관점에서 본 흔들림

앞서 제1장에서는 통계 학습의 기본적인 기능을, 제2장에서는 뇌는 불확실성에 대해 서로 반대 방향으로 움직이는 두 가지 통계 학습(일반화와 특수화)을 하며, 그 두 가지가 순환함으로써 불확실성에서 오는 마음의 동요가 발생하고 그 흔들림이 감성이나 표현 등에 개성과 창조성을 만들어낸다고 했다. 그리고 제3장에서는 그 흔들림을 인식하고 즐기기 위해 중요한 본질을 아는 것(연습·훈련)과 동기 부여에 관해 알아보았다.

제4장에서는 지금까지 한 이야기를 바탕으로 두 가지 종류의 통계 학습과 불확실성에서 오는 마음의 동요를 인간의 사고라는 관점에서 생각해보려고 한다.

○ 문제 해결을 위한 수렴적 사고와 확산적 사고

미국의 심리학자인 조이 길퍼드Joy Guilford는 어떤 문제를 해결할 때 필요한 사고의 유형을 수렴적 사고와 확산적 사고로 구분했다. 수렴적 사고는 어떤 문제에 관해 유일한 해답을 추구하는 것을 가리킨다. 이는 논리적이며 구체적인 사고와도 밀접한 관련이 있다.

답이 하나밖에 없는 수학 문제를 풀거나 목적지로 가는 최단 거리를 생각할 때, 회의에서 여러 가지 아이디어 중 어떤 한 가지를 결정할 때와 같은 상황이 수렴적 사고에 해당한다.

이것은 인간이 거의 매일 하는 사고라고 할 수 있다. 수렴적 사고는 수많은 아이디어나 가능성에서 유일한 해답으로 의견을 모아 불확실성을 낮추는 쪽으로 향하게 만든다.

확산적 사고는 유일한 해답을 추구하지 않고 새로운 발상을 무수히 확산시켜 나가는 사고를 가리킨다. 확산적 사고를 할 때는 논리나 실제로 이루어질 가능성을 따지기보다 일단 최대한 여러 가지를 생각해야 한다. 예술 작품의 창작이나 새로운 아이디어의 제안 등이 여기에 해당한다.

이는 창조적인 사고에 가깝다고 할 수 있다. 그래서 창조성을 측정하는 테스트에서는 이 확산적 사고 능력을 지표로 삼는 경우가 많다. 확산적 사고는 새로운 아이디어나 가능성을 일단 많이 내놓기 때문에 불확실성을 높이는 쪽으로 향하게 만든다.

○ 창조성에는 두 가지 사고가 모두 중요하다

예를 들어 가족 여행을 가게 되었다고 하자. 먼저 우리는 어디로 여행을 갈지 함께 아이디어를 모으기 시작할 것이다. 이 시점에서는 다양한 후보지를 내놓아야 모두가 가고 싶은 곳에 갈 가능성이 커지므로 확산적 사고가 유용하다. 후보지가 모두 나왔다면 이제는 그중에서 어느 곳으로 갈지 여행지를 좁힐 필요가 있다. 이 단계에서는 유일한 해답을 내리기 위해 수렴적 사고가 중요해진다(119쪽 그림 참조).

수렴적 사고와 확산적 사고는 불확실성을 낮춘다거나 높이는 것과 같이 정반대의 방향으로 움직이지만 서로 싸우지는 않는

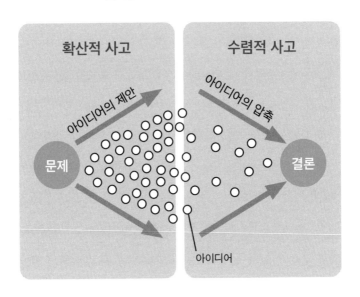

· 문제를 해결하는 두 가지 사고 ·

확산적 사고

수렴적 사고

아이디어의 제안

아이디어의 압축

문제

결론

아이디어

다. 우리는 이 두 종류의 사고를 각기 강점을 발휘하는 분야에 활용함으로써 문제 해결에 도달해야 한다.

가족 여행의 예에서도 마지막에 유일한 결론에 도달(수렴적 사고)하기는 했지만 모두가 아이디어를 내는(확산적 사고) 과정을 겪음으로써 두 종류의 사고를 균형 있게 사용했다는 걸 알 수 있다. 즉 창조적인 아이디어를 낼(확산적 사고) 때도 검증과 비교 등의 수렴적 사고를 사용한다고 할 수 있다. 위의 그림에서 보듯이 확산적 사고에 아이디어를 제안하고 수렴적 사고에 아이디어를 압축해보자.

여기에서 중요한 것은 수렴적 사고도 확산적 사고와 똑같이 창조성에 반드시 필요하다는 것이다. 대부분 수렴적 사고는 최적의 해답을 찾아내기 위한 사고이므로 창조성이 낮다고 생각한다.

우리가 창조성을 높이기 위해서는 확산적 사고가 중요하다는 인식을 하고 있기 때문이다. 그래서 개개인의 창조력을 측정하는 데 확산적 사고 테스트를 활용하기도 한다. 그러나 창조성을 높이기 위해 중요한 것은 확산적 사고뿐만이 아니다. 확산적 사고와 수렴적 사고를 균형 있게 사용해 양쪽을 적절하게 활용할 수 있어야 한다.

⊙ 두 가지 사고는 경쟁하면서 공존한다

이제 이 두 종류의 사고와 통계 학습의 관련성에 관해 이야기해 보자.

통계 학습의 가장 기본적인 역할은 외부 세계 정보의 확률을 계산하고 그 결과에 근거해 예측함으로써 불확실성을 낮추는 것이다. 이것은 앞에서 이야기한 두 유형의 사고 가운데 수렴적 사고에 해당한다. 덕분에 뇌는 모든 정보에 주의를 기울일 필요 없이 예측하기 어려운 불확실한 정보나 중요한 정보에만 집중하면 된다.

다시 말해 뇌가 정보 처리를 최대한 효율적이고 최적의 방법으로 할 수 있는 것이다. 또한 불확실성을 낮추는 것은 뇌에 대한 보상이자 기쁨도 된다는 것이 밝혀졌다.

뇌는 모든 것을 완전히 이해한 상태에서는 보상을 얻지 못한다. 모든 것을 이해한 상태는 불확실성이 완전히 낮아진 상태이므로 보상을 얻을 수가 없기 때문이다. 그래서 이른바 싫증이라는 현상이 나타난다. 뇌는 어디까지나 몰랐던 것(불확실한 것)을 알게 되어 불확실성을 낮추는 것에서 기쁨을 느낀다. 확실한 정보보다 불확실한 정보에 더 흥미를 느끼는 것이다. 이러한 흥미는 '지적 호기심' 같은 것으로, 앞에서 이야기한 사고의 유형 중에서 확산적 사고에 해당한다.

위의 내용을 간단하게 정리하면 아래와 같다.

- 불확실성을 낮추는 통계 학습 ≒ 수렴적 사고
- 불확실성을 높이는 통계 학습 ≒ 확산적 사고

통계 학습은 인간의 사고에 커다란 영향을 끼치지만 통계 학습이 반드시 사고와 동일한 것은 아니다. 그래서 제4장에서는 '통계 학습 ≒ 사고'라고 했다.

뇌에는 불확실성을 낮추는 통계 학습(수렴적 사고)과 불확실성을 높이는 통계 학습(확산적 사고)이라는 상반되는 두 가지의 관계가 존재하며, 그 둘은 경쟁하면서도 지적 호기심을 지속적으로 유지한다는 의미에서 공동 창조를 하고 있다.

불확실성에 대해 각자 반대 방향으로 움직이는 통계 학습이 순환해 경쟁과 공동 창조를 반복하는 과정에서 불확실성에서 오는 마음의 동요가 생겨나는 것이다. 이 '흔들림'이 바로 개성과 창조성의 원천이다.

● 두 가지 사고를 적절히 활용하는 힘

마찬가지로 수렴적 사고와 확산적 사고도 순환하는데, 이때 상반되는 두 종류의 사고가 경쟁과 공동 창조를 반복하면서 '흔들림'이 생겨난다. 여기서 사고의 흔들림이 정말 중요하다. 이때 개성 있는 것이나 창조성이 높은 결과물이 나오려면 어느 한 가지 유형의 사고가 아니라 양쪽 사고가 모두 필요하다.

세기의 발명가인 토머스 에디슨은 ADHD(주의력결핍 과다행동 장애)가 있었다고 알려져 있다. ADHD는 부주의와 과다행동, 충동성이 주된 특징인 발달 장애를 말한다. 최근 연구에 따르면 ADHD가 있는 사람은 확산적 사고 능력은 좋지만 수렴적 사고에 서툴다는 것이 보고되었다. 이에 따르면 에디슨은 확산적 사고가 특기였는지도 모른다.

어린 시절 에디슨은 알을 품어 병아리를 부화시키려 하는 등 엉뚱한 행동이나 말을 계속해 초등학교 3학년 때 퇴학당했다고 한다. 그의 어머니 낸시는 그런 아들을 부정하지 않고 스스로 선생님이 되어 온갖 지식을 가르쳤다. 그 결과 에디슨은 왕성한 호기심과 행동력으로 전구와 축전지를 비롯해 1,000건이 넘는 발명을 했고 사람들은 그를 발명왕이라 불렀다. 만약 그의 어머니마저 어린 아들의 엉뚱한 행동과 발언 속에 있는 확산적 사고 습관을 강제로 교정하려 했다면 에디슨의 위대한 발명품은 탄생하지 못했을지도 모른다.

다만 에디슨이 확산적 사고만 했다면 절대로 중요한 여러 가지 문제를 해결하지 못했을 것이다. 머릿속에 번뜩인 아이디어를 구체적인 형태로 구현하려면 어딘가에서 반드시 수렴적 사고가 필요하다.

에디슨을 상징한다고 해도 과언이 아닌 유명한 말이 있다.

"천재는 1퍼센트의 영감과 99퍼센트의 노력으로 이루어진다."

이 말에서 그가 정말로 ADHD였다 해도 자신의 특기인 확산적 사고를 하면서 발명에 필요한 수렴적 사고를 수없이 해왔음을 알 수 있다.

어쩌면 그가 재능이 있었던 확산적 사고를 1퍼센트로 억제하면서 나머지 99퍼센트를 서툴렀던 수렴적 사고로 채웠음을 암시하는 것일지도 모른다.

◉ 확산적 사고에서 수렴적 사고로

에디슨은 다음과 같은 말도 남겼다.

"많은 이들이 더는 아이디어를 생각해내는 게 불가능하다고 여기는 지점에 도달하면 의욕을 잃어버리는데, 승부는 바로 그때부터다."

이 말은 더는 아이디어가 없다고 느껴질 때 비로소 진정으로 자신만의 독자적인 아이디어가 탄생한다는 뜻이다. 창조적인 생각을 하려면 아이디어를 전부 끄집어내서 확산적 사고의 한계에 도달한 다음, 무언가를 계기로 방향을 전환해 모든 구상을 수렴할 필요가 있다.

이처럼 에디슨 같은 천재라도 확산적 사고와 수렴적 사고라는 두 가지 유형의 사고를 모두 거쳐왔으며 사고의 전환을 통해 아이디어가 완성되었음을 알 수 있다.

확산적 사고에서 수렴적 사고로 방향을 전환함으로써 좋은 아이디어가 구체화된다는 것을 알 수 있는 사고 방법의 하나가 바로 브레인스토밍이다. 브레인스토밍은 창시자인 알렉스 오스본이 고안한 이래 지금도 수많은 기업이나 학교에서 활용되고 있다.

예를 들어 회사에서 기획안을 만들 때 먼저 자유롭게 자신이 생각하는 다양한 아이디어를 제안한다. 이른바 확산적 사고 단계다. 이 단계에서는 제안된 아이디어를 절대 비판해서는 안 되며, 모두가 오로지 아이디어를 모으는 데 집중해야 한다. 그리고 아이디어가 전부 나왔을 때 비로소 다음의 평가 단계로 넘어가게 된다. 이제는 실제로 활용할 수 있을 것 같은 아이디어를 조금씩 추려나가는 단계가 필요하다. 이 단계에서는 수렴적 사고가 중요하다.

이처럼 평가는 뒤로 미루고 아이디어를 대량으로 제안한(확산적 사고) 다음에 그 아이디어를 평가해 가장 괜찮은 방법을 추려낸다(수렴적 사고)는 점이 중요하다.

·세 가지 종류의 신경 네트워크·

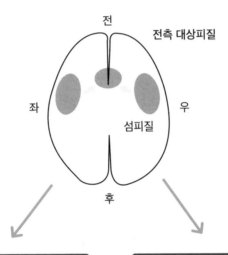

현출성 네트워크

전

전측 대상피질

좌   우

섬피질

후

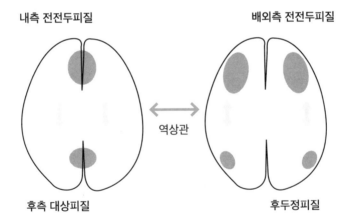

디폴트 모드 네트워크

내측 전전두피질

후측 대상피질

중앙 집행 기능 네트워크

배외측 전전두피질

후두정피질

역상관

● 흔들림과 관련 있는 세 가지 신경 네트워크

이번에는 뇌과학에 관해 조금 더 전문적인 이야기를 하겠다. 창조성과 관련된 뇌의 신경 네트워크에 관해서이다. 지금까지 연구를 통해 밝혀진 바에 따르면, 뇌는 세 종류의 신경 네트워크를 상황에 맞춰 적절히 사용함으로써 인간이 다양한 사고와 인지를 할 수 있도록 한다.

첫째는 디폴트 모드 네트워크DMN라는 신경 네트워크다. 자유롭고 창조적인 사고나 확산적 사고를 하고 있을 때 이 신경 네트워크가 강하게 활동한다. 그래서 어떤 방법을 통해 뇌의 디폴트 모드 네트워크의 활동을 강화한다면 창조성을 높일 수 있을 것으로 본다.

둘째는 중앙집행기능 네트워크CEN 또는 집행제어 네트워크ECN다. 이 신경 네트워크는 인간 최고의 사고, 감정, 행동을 조정하는 회로로, 아이디어의 평가나 논리적 사고, 수렴적 사고를 하고 있을 때 활동한다.

셋째는 현출성 네트워크SN다. 이것은 뇌의 피로와 회복을 위해 외부 정보를 자각하는 회로로, 디폴트 모드 네트워크와 중앙 집행 기능 네트워크를 연결하는 접착제 같은 역할을 한다.

이 세 가지 신경 네트워크 중에서 디폴트 모드 네트워크와 중앙집행기능 네트워크는 정반대의 관계라고 할 수 있다. 여기서 창조성을 높이고 싶은 사람은 디폴트 모드 네트워크의 활동이 중요하다고 생각할 수 있지만, 실제로는 이 세 가지 신경 네트워크가 모두 필요하다는 사실이 밝혀졌다.

창조성이 높은 사람은 디폴트 모드 네트워크의 활동이 활발할 뿐만 아니라 이 세 가지 신경 네트워크를 동시에 효율적으로 사용할 수 있다. 창조성이 높은 사람의 뇌는 세 가지 신경 네트워크를 적절히 사용함으로써 아이디어의 제안과 검증을 효율적으로 할 수 있는 것이다.

번뜩이는 영감은
어떻게 만들어지는가

ㅇ 창조적 발상과 월러스의 4단계

우리가 사는 사회는 기존에 없었던 발상이나 발견을 통해 형성
되었다. 그렇다면 그런 창조적인 생각이나 발명은 어떻게 탄생
했을까? 과학자나 발명가, 창업가, 예술가들은 어떻게 문제를
설정하고 해결하기 위해 모호한 아이디어를 구체화하고 창조적
인 형태로 만들어내는 걸까?

그 힌트가 되는 이론 중 하나로 영국의 사회 심리학자인 그레
이엄 월러스G. Wallas가 주장한 4단계가 있다. 창조적인 발상이 떠

오르기 전에 반드시 이 4단계를 거치는 것은 아니지만, 창조적인 직업에 종사하거나 연구자, 개발에 관여하는 사람 중 아이디어가 번뜩였던 경험이 있는 사람이라면 수긍이 가는 모델이 아닐까 싶다.

월러스의 4단계

❶ **준비 단계**: 문제 확인과 정리, 다양한 해결책 제시

❷ **부화 단계**: 일단 문제에서 벗어난다

❸ **발현 단계**: 아이디어가 번뜩인다

❹ **검증 단계**: 아이디어의 검증과 조사

첫 번째 단계인 준비 단계는 문제 해결로 이어지는 창조적인 발견과 발명을 만들어내기 위한 사전 준비 기간에 해당한다. 먼저 무엇을 해결해야 할지 머릿속에서 명확히 해야 한다. 무엇이 문제인지를 논리적이고 수렴적으로 생각해야 한다. 따라서 준비 단계에서 수렴적 사고는 비중이 크다고도 할 수 있다. 물론 그렇다고 해서 확산적 사고를 전혀 하지 않는 것은 아니다.

한편 준비 단계라고는 하지만 의도적으로 생각하는 사람은 거의 없다. 창조적인 것을 만들어내려고 노력하지만, 이 단계에서는 거의 좋은 해결책이 나타나지 않는다. 그러나 이 기간에 했

· 창조적인 해결책을 위한 발상 단계 ·

월러스의 4단계　　　　　**사고의 유형**

❶ 준비 preparation
문제의 해결과 정리,
해결책의 입안

수렴적
사고

❷ 부화 incubation
일단 문제로부터 벗어난다

머리를
식히는 기간

❸ 발현 illumination
아이디어가 번뜩인다

확산적
사고

❹ 검증 verification
아이디어의 검증과 조사

수렴적
사고

창조적인 해결책

던 수렴적 사고가 훗날 도움이 된다. 결과적으로는 창조적인 것을 만들어내기 위한 준비 단계로서 중요한 기간이 되는 것이다. 준비 단계가 없으면 그 후의 부화 단계, 발현 단계, 검증 단계도 없다는 말이다.

○ 모호한 생각을 구체적으로 바꾸는 검증 단계

다음으로 부화 단계가 되면 사람은 문제 해결에 몰두하는 것을 중단한다. 아이디어가 정체된 상태에서는 일단 휴식을 취하며 머리를 식히는 기간이 필요하다. 부화 단계에서 사람이 무엇을 하느냐에 관해서는 아직 명확히 알려지지 않았다. 그러나 일반적으로는 휴식이나 수면 또는 완전히 별개의 행동(운동 등)을 하는 것으로 보인다.

일단 문제에서 벗어났다고는 해도 사람은 부화 단계에서도 문제 해결에 관해 생각한다. 제2장에서도 이야기했지만, 우리 뇌는 무의식적이고 잠재적인 정보 처리와 의식적이고 현재적인 정보 처리를 함께 할 수 있다.

앞에서 이야기한 준비 단계와 달리 부화 단계에서 사람의 뇌는 무의식적으로 정보를 처리한다. 지금은 문제에서 벗어남으로써 뇌의 잠재적인 처리가 촉진되어 사고가 무르익는 것이다. 이 부화 단계가 있기에 비로소 다음의 발현 단계에서 창조적인 해결책이 탄생한다.

세 번째 단계인 발현 단계에서 하는 사고는 확산적 사고에 가깝다. 발현 단계에서는 준비 단계에 몰두했던 문제의 해결책이 생각지도 못하게 불쑥 떠오른다. 이른바 번뜩이는 영감이 나타나는 것이다. 어떻게 해결책이 도출되었는지 본인조차 명확히 알지 못하기 때문에 사람들은 종종 신의 계시라고 말하기도 한다. 이처럼 부화 단계에서 일단 문제에서 벗어났을 때 갑자기 영감이 찾아오는 것을 부화 효과라고 한다.

하지만 이때 번뜩인 해결책은 아직 모호하므로 구체성이 떨어진다. 그래서 마지막으로 검증 단계가 필요하다. 여기에서는 이전 단계에서 모호했던 해결책을 구체화해 나간다. 직감을 확신으로 바꾸는 작업이다. 또한 검증 단계에서는 기본적으로 수렴적 사고를 한다.

이처럼 준비 단계부터 검증 단계에 이르는 과정에서 사람의 사고는 '수렴적 사고~확산적 사고~수렴적 사고'라는 변화가 발생한다. 덕분에 자유롭게 생각하고 모호한 해결책을 구체적인 해결책으로 바꿔 창조적인 것을 탄생시킬 수 있는 것이다.

◎ 흔들림의 열쇠는 부화 단계

사람은 기본적으로 4단계 가운데 준비 단계와 발현 단계에서 문제에 대한 해결책을 찾아내려 한다. 그런데 왜 준비 단계에서 떠오르지 않았던 해결책이 발현 단계에서 떠오르는 것일까?

아직 밝혀지지 않은 것이 많지만, 적어도 준비 단계와 발현 단계 사이에 있는 부화 단계에 그 힌트가 있으리라 추측한다. 만약 부화 단계를 거치지 않는다면 준비 단계와 발현 단계 사이에서 사고의 변화(수렴적 사고~확산적 사고)가 생기지 않을 수도 있다. 부화 단계라는 완충 단계를 사이에 둠으로써 준비 단계와 발현 단계에 같은 문제를 궁리함에도 두 단계 사이에 사고가 달라지는 게 아닌가 싶다.

◎ 산책하거나 멍하니 있는 것이 좋은 이유

부화 단계에 뇌가 무엇을 하는지는 최근 이뤄지는 창조성 연구에서 가장 중요한 주제라고 해도 과언이 아니다. 여기서 해답의 실마리가 되는 것으로 마음 방황Mind wandering 이 있다. 마음 방황은 이른바 마음이 콩밭에 가 있는 상태로, 현재 하고 있는 것과 관련되지 않은 무언가를 생각하는 것이다. 말 그대로 마음이 방황하기 때문에 멍한 상태를 가리킨다. 연구에 따르면 좋은 아이디어가 번뜩이기 직전에는 마음 방황을 하고 있는 경우가 많다고 한다. 이에 따라 아이디어가 번뜩이기 직전인 부화 단계에서의 뇌가 마음 상태와 마음 방황에 관계성이 있을 것이라고 여겨진다.

그렇다면 어떨 때 마음 방황이 일어나는 것일까? 지금까지의 연구 결과를 보면 완전한 휴식 상태일 때보다 오히려 인지적 부하가 낮은 간단한 과제나 행동을 하고 있을 때 빈번히 일어나는 것으로 보인다. 인지적 부하가 낮은 간단한 과제나 행동으로 단순한 계산이나 산책을 들 수 있다. 특히 산책하는 습관이 있는 사람은 새로운 것을 창조하는 능력이 높다는 보고도 있다.

프랑스의 수학자 앙리 푸앵카레Henri Poincare는 난해한 수학 문제에 몰두하다가 잠시 문제에서 벗어나고자 산책하러 나갔다. 그리고 합승마차의 발판에 발을 올려놓은 순간 푸크스 함수를 떠올렸다고 한다. 물론 산책한다고 반드시 영감이 떠오르는 것은 아니다. 이외에도 다양한 방법이 많을 것이다. 다만 어떤 문제를 해결하고 싶을 때 줄곧 그것만을 생각하기보다 일단 그 문제에서 벗어나 산책하거나 멍하니 있는 게 좋다는 것이다. 월러스의 4단계에서 의도적으로 부화 단계를 만드는 것이다.

단순히 아이디어가 생성된 후에 바로 검증하기보다는 도중에 마음 방황을 의도적으로 도입해보자. 월러스의 4단계를 따르면 창조적인 아이디어가 탄생할 가능성이 커진다고 할 수 있다.

○ 문제로부터 일단 벗어나는 것이 중요하다

문제에서 일단 벗어났더니 좋은 해결책이 번뜩여서 세기의 발견으로 이어진 사례는 그 밖에도 많다.

알버트 아인슈타인이나 토머스 에디슨은 아이디어나 해결책을 생각하기 위해 연구하는 도중 선잠이나 낮잠을 자는 시간을 가졌다고 한다. 여기서 잠자는 것은 문제로부터 일단 벗어나는 행위가 된다.

또한 제1장에서도 이야기했듯이 수면 중 뇌는 단순히 쉬기만 하는 게 아니라 깨어 있을 때 얻은 단기 기억으로부터 필요한 정보만을 선별하고 압축해 장기 기억으로 보내는 작업도 한다. 이 선별과 압축 과정을 통해 뇌의 기억 용량을 개선하고 지식을 정리하기에 잠에서 깬 순간 새로운 아이디어가 번뜩일 때가 있는 것인지도 모른다.

영감은 그 사람의 숨겨진 재능이 꽃을 피우는 순간이라고 한다. 그래서 영감을 어떤 특별한 재능을 지닌 사람에게만 찾아오는 것으로 생각하는 경우가 많을 것이다. 그러나 영감이 잘 떠오르는 사람은 월러스의 4단계나 사고의 변화를 무의식적으로 알고 있다고 할 수 있다. 좋은 타이밍에 부화 단계나 마음 방황을 적절히 활용하는 경우일지도 모른다. 특히 푸앵카레의 산책이나 아인슈타인과 에디슨의 낮잠처럼 언제 문제에서 벗어날 것인지 타이밍을 잘 아는 사람의 행동 패턴은 참고가 되지 않을까. 확산적 사고와 수렴적 사고의 균형을 맞추고 사고에 흔들림을 만들어낸다면 누구나 하나쯤은 지니고 있을 숨겨진 재능을 원활하게 끌어낼 수 있을 것이다.

확산적 사고만으로는
창의성을 측정할 수 없다

⊙ 확산적 사고력을 측정하는 TTCT 도형 검사

앞에서 이야기했지만, 창의성에는 생각을 넓게 펼쳐서 새로운 아이디어를 만들어내는 확산적 사고뿐만 아니라 생각을 구현하거나 하나의 좋은 아이디어로 모으기 위한 수렴적 사고도 중요하다. 그런데 현재 창의성을 측정하기 위해 빈번하게 사용되고 있는 것은 확산적 사고의 능력을 측정하는 검사뿐이다.

확산적 사고를 검사하는 평가 기준은 주로 다음의 네 가지 항목으로 나뉜다.

토렌스의 창의적 과정의 4요소

❶ **유창성**: 많은 것을 연상하고 해결 방안을 만들어내는 힘

❷ **융통성**: 다양한 관점에서 파악하는 힘

❸ **독창성**: 다른 사람에게는 없는 새로운 아이디어를 만들어내는 힘

❹ **정교성**: 거친 아이디어를 구체화하여 실현 가능하게 만드는 힘

확산적 사고 검사로 측정한 이 네 가지 항목의 종합 점수로 창의성 정도를 평가하는 경우가 많다. 그런데 이 확산적 사고 검사의 항목을 하나하나 살펴보면 확산적 사고가 어떻게 수렴해 나가는지를 알 수 있다. 어떻게 알 수 있는 걸까?

확산적 사고 검사 가운데 가장 유명한 것으로 TTCT 도형 검사가 있다. 이것은 140쪽의 그림과 같은 도형을 사용해서 그림 구성하기, 그림 완성하기, 선 더하기의 세 가지 활동으로 최대한 많은 그림을 그리게 하는 검사다. 여러분도 동그라미 위에 가로선이 하나 있을 뿐인 이 도형을 사용해 최대한 많은 그림을 그려보기 바란다. 과연 몇 개나 그릴 수 있을 것 같은가?

참고로 이 검사는 언어 정보가 필요하지 않기 때문에 여러 사람을 비교하기 쉬운 국제적인 검사로서 세계 각국에서 널리 활용되고 있다.

·TTCT 도형 검사·

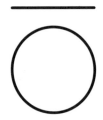

·TTCT 도형 검사의 답안·

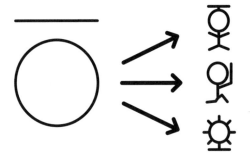

- 주어진 도형을 사용해 최대한 많은 그림을 그린다.

- 이 경우, 유창성(아이디어의 수)은 세 가지, 융통성(아이디어의 종류)은 두 가지(인간과 태양)다.

● TTCT 도형 검사의 네 가지 평가 방법

140쪽 아래 그림은 이 검사의 답안 중 하나의 보기다. 위는 ○를 사람의 얼굴로, ─ 을 모자로 간주해 모자를 쓴 사람을 그린 그림이다. 가운데는 도형을 시계 방향으로 90도 돌려서 손을 들고 있는 사람을 그린 것이고, 그 아래는 도형의 위아래를 뒤집어서 대지와 태양을 그린 것이다.

이 검사의 채점 방법은 다음과 같다.

먼저 피험자가 내놓은 답안의 개수가 유창성이 된다. 위의 그림에서 아이디어의 수는 세 개다.

다음으로 융통성은 나온 답안을 분석해 피험자 개인이 얼마나 많은 범주의 답안을 내놓았는지를 본다. 이를테면 140쪽의 그림에서는 위의 두 개가 인간이라는 범주에 속하고 아래가 태양이라는 범주에 속하므로 두 가지 범주의 답안을 내놓았음을 알 수 있다.

세 번째는 독창성으로 내놓은 답안이 다른 피험자를 포함한 모든 피험자의 답안에서 얼마나 자주 보이는지 출현율을 살핀다. 출현율이 낮은 답안일수록 독창성이 높다고 간주한다. 이때 다른 피험자도 대부분 인간을 그렸다면 이 답안지를 작성한 사람의 독창성은 낮은 편으로 본다.

마지막은 정교성인데 제안된 아이디어가 실현 가능한 것인지 아닌지를 살핀다. 이를테면 아무리 독창성이 높은 답안이라도 완전히 아무렇게나 그린 그림이어서 무엇을 의미하는지 전혀 알 수 없다면 정교성은 낮다고 본다.

연구자에 따라서는 이 정교성을 항목에 넣지 않는 경우도 많다. 그러나 유창성이나 독창성과의 균형을 보기 위해서는 반드시 이 항목이 필요하다. 이것이 없다면 누구든 대충 아무렇게나 그린 그림을 많이 만들어냄으로써 유창성과 독창성을 높일 수 있기 때문이다.

◎ 종합 점수와 함께 균형을 본다

일반적으로는 확산적 사고 검사의 종합 점수가 높은 사람을 확산적 사고의 능력이 높은 사람이자 창조성이 높은 사람으로 간주한다.

또한 이 점수가 높은 사람은 뇌의 디폴트 모드 네트워크(127쪽 참조)가 강한 것으로 알려져 있다. 이처럼 뇌신경 과학의 관점에서 봤을 때 확산적 사고가 창조성을 높이는 것은 분명하다는 것을 알 수 있다.

그러나 확산적 사고 검사에서 네 항목의 종합 점수가 높은 사람을 그대로 창조성이 높은 사람으로 간주하는 것은 지나치게 단순한 생각이다.

월러스의 4단계에서 단계별로 확산적 사고 검사의 각 항목의 점수를 살펴보면 아마도 각 항목의 점수 균형이 달라질 것이다. 이를테면 아직 해결책이 떠오르지 않는 준비 단계에도 여러 가지 궁리를 하고 있는 것은 분명하다. 따라서 준비 단계에서는 유창성은 높지만 다른 항목의 점수는 낮을지도 모른다.

또한 발현 단계에 떠오른 다양한 해결책은 검증 단계에서 자세히 구체화되어 더 가치가 높은 해결책이 된다. 즉 검증 단계에서는 정교성이 높은 사고를 한다고 볼 수 있다.

유일한 아이디어를 내기 위해서는 유일하지 않은 아이디어를 최대한 내놓아야 하며(유창성), 그렇게 최대한 아이디어를 내놓았을 때 비로소 진정한 자신의 독창적인 아이디어(독창성)가 탄생하는 것이다.

이처럼 네 가지 항목의 점수가 모두 동시에 높은 게 좋은 것만은 아니다. 항목별로 능력의 균형이 어떻게 변화하는지 그 시간적인 움직임을 이해하는 것이 중요하다.

⊙ 확산적 사고에도 개성이 있다

확산적 사고 검사에서 네 항목의 점수가 얼마나 균형 있는지는 그 사람의 개성을 나타낸다고 할 수 있다. 예를 들어 유창성과 정교성이 매우 높고 독창성이 낮다면, 모두가 자주 떠올리는 실현 가능한 아이디어를 많이 생각해낸다는 뜻이다. 이런 사람은 창조성이 높다기보다 생산 능력이 높은 유형이라고 볼 수 있다.

한편 생산 능력은 낮지만 다른 모든 아이디어를 능가하는 단 하나의 아이디어를 생각해내는 사람도 있다. 이를테면 자폐 스펙트럼 장애가 있는 사람은 유창성이 낮지만 다른 사람들은 생각하지 못하는 유일한 아이디어를 만들어내는 힘인 독창성이 높은 것으로 보고되었다.

자폐 스펙트럼 장애가 있는 사람은 자기 생각을 계속해서 전환한다. 이때 남들처럼 아이디어를 많이 만드는 데는 서툴지만 하나의 아이디어에 집중해서 더욱 독창적인 것을 만들어내는 소질이 있는 게 아닌가 싶다. 그렇게 생각하면 일반적인 확산적 사고 능력은 떨어질지 몰라도 그중 한 항목인 독창성은 높다고 말할 수 있다.

이처럼 확산적 사고의 네 가지 평가 항목을 개별적으로 살펴보면 확산적 사고에도 개성이 있음을 알게 된다. 창조성에서 가장 중요한 점은 흔한 아이디어를 많이 만들어내는 것도 실현 가능한 간단한 아이디어를 생각하는 것도 아니다. 그 아이디어가 진정으로 새로운 것인지 여부다.

그렇게 생각하면 유창성이 낮은 탓에 확산적 사고 검사의 종합 점수는 낮을 수 있다는 점을 이해할 수 있다. 하지만 독창성 점수가 극단적으로 높다면 창조성이 매우 높은 사람이라고 봐야 한다. 이런 이유에서도 확산적 사고만이 창조성에 필요한 사고는 아니라고 볼 수 있는 것이다.

제 5 장

인간의 가능성을 이해하고 개성을 살리려면

AI가 잘하는 것과
인간이 잘하는 것

○ AI는 수렴적 사고를 대행한다

인공지능 기술을 이용한 시스템과 서비스는 우리의 상상을 크게 초월하는 속도로 사회에 빠르게 스며들었고 일상생활을 편리하게 만들었다. 앞으로도 인간 사회에 없어서는 안 될 최고의 파트너가 될 것이다.

이미 AI는 정보 처리나 계산 속도 등의 효율화와 최적화 부분에서 인간을 능가했다. 그러므로 지금까지 인간의 손으로 해왔던 수많은 작업을 앞으로는 AI가 대행하게 될 것은 자명하다.

나아가 AI 기술의 발달로 인해 일하는 방식이나 사람과 사람의 연결 방식, 커뮤니케이션 수단 같은 사회적 구조 또한 급격하게 바뀔 것이다. 이런 이유로 AI에 공포심을 느끼는 사람도 많다.

그러나 앞으로는 지금까지 인간의 힘만으로 해왔던 온갖 일을 AI와 경쟁하는 것이 아니라 함께 협동하는 시대가 되어야 한다. 결론적으로 AI와 공존하는 시대를 만들어야 한다.

그렇다면 어떻게 해야 AI와 협동할 수 있을까? 우리 인간은 사회에서든 가정에서든 반드시 누군가와 함께 일한다. 다른 사람과 협동할 수 있는 가장 큰 이유 는 같은 인간끼리는 상대방이 무엇을 할 수 있고 무엇을 하지 못하는지 그 특성을 어느 정도 예측할 수 있어서다. 극단적인 예이지만 외계인 같은 미지의 생명체는 무슨 행동을 어떻게 할지 알 수 없어 이해하기 전까지는 협동이 불가능하다.

앞으로 찾아올 시대에는 인간이 각자의 특성을 서로 이해하고 존중하면서 살아가듯이 AI의 특성도 이해할 줄 알아야 한다. 인간과 AI가 각자의 특성을 이해하고 특기를 살리는 것이 중요하다.

다시 말해 AI는 무엇을 할 수 있고 무엇을 하지 못하는지, 인간은 무엇을 할 수 있고 무엇을 하지 못하는지를 잘 알아야 한다. 이용자인 인간이 AI를 얼마나 올바르게 이해하고 어떻게 협동의 길을 모색해 나갈 수 있느냐가 앞으로 우리에게 주어진 중요한 과제다.

⊙ AI보다 인간이 잘하는 것

AI와 인간의 특성을 이해하기 위해 지능과 창조성이 무엇인지 다시 한번 확인해보자. 151쪽의 그림은 이 두 가지를 대략 분류해본 것이다.

인공지능은 단순히 말해 인공적으로 만든 지능이다. 이 지능은 제4장에서 말하는 유일하고 최적인 해결책을 추구하기 위한 수렴적 사고(불확실성을 낮추는 통계 학습)가 특기다. 해답에 대한 불확실성을 한없이 0에 가깝게 만드는, 즉 불확실성을 낮추는 사고를 대행하는 것이 현재 AI라고 할 수 있다.

한편 확산적 사고(불확실성을 높이는 통계 학습)는 수렴적 사고와 벡터가 반대이며, 창조성에 중요한 사고로 여겨진다. 자신이 모르는 세계를 알고 싶다는 흥미와 호기심(내재적 동기와 의욕)으로 새로운 발상과 아이디어를 확대해 나가는 사고다. 자신이 지금까지 경험해본 적 없는 현상에 몰두하기 때문에 불확실성을 높이는 사고라고 할 수 있다.

현시점에서 AI가 잘하는 것은 불확실성을 낮추는 수렴적 사

창조성

참신성
내재적 동기
불확실한 현상에 대한 흥미
우발적
직감적
잠재
확산적 사고
디폴트 모드 네트워크(DMN)
(내측 전전두피질 등)

최적화
외재적 동기
확실한 현상에 대한 흥미
의도적
논리적
현재
수렴적 사고
중앙 집행 기능 네트워크(CEN)
(배외측 전전두피질 등)

지능

고다. 한편 인간은 수렴적 사고만을 하지 않는다. 불확실성을 높이는 확산적 사고도 한다. 무엇보다 인간은 벡터가 정반대인 불확실성을 낮추거나 높이는 두 가지 사고와 행동을 의도적으로 하고 있다. 그리고 서로 다른 두 힘의 싸움이 인간의 개성이나 창조성의 원천이라고 본다. 그 흔들림으로부터 탄생하는 개성과 창조성은 확산적 사고와 함께 인간다움이 바탕에 깔린 우리의 특기라고 할 수 있다.

인간다운 사고의 흔들림을 AI에서 실현하는 것은 적어도 현 시점에서는 어려워 보인다.

○ 인간에게는 흥미와 호기심이 있다

흥미와 호기심은 제3장에서 이야기했듯이 내재적 동기로, 불확실성을 높이는 사고와 행동에 매우 중요하다. 아무리 AI가 인간보다 사고를 잘한다는 것이 분명해져도 인간은 흥미에 이끌려 행동하기 때문에 불확실성을 높일 수 있다.

예를 들어 바둑도 그렇지 않은가? 현재 바둑 세계에서는 AI가 인간보다 더 강한 것으로 평가받는다. AI가 훨씬 잘하는 분야라고 할 수 있다. 하지만 그 사실이 명확해졌음에도 인간은 홍미와 호기심에 이끌려 계속 바둑을 두고 있다.

그것이 의미가 있든 없든 답을 찾아낼 수 있을지 없을지 불확실하더라도 인간은 늘 사고하고 행동하는 것이다.

● 이제는 AI와 협동하는 시대다

현재 AI는 일반적으로 패턴 인식이나 예측 등 어떤 정해진 문제를 풀기 위한 문제 해결 장치로서 인간의 지적 작업을 보조하고 있다. 이는 최적화, 논리의 확실성, 수렴적 사고 등의 측면에 해당한다.

한편 인간의 뇌는 컴퓨터처럼 자신에게 알맞은 문제를 풀어내는 시스템이 있을 뿐만 아니라 예측할 수 없는 창조적인 것을 만들어내는 능력도 있다. 이것은 기존에 답이 만들어져 있지 않은 것을 상상하는 역량이다. 창조성은 기존의 답을 당연하게 받아들이지 않고 의심하는 것에서 시작된다. 이런 능력이 있기에 인간은 지금까지 참신하고 멋진 예술과 발명, 창작물을 만들어낼 수 있었다고 해도 과언이 아니다.

이러한 창조성은 현시점에서는 아직 AI보다 인간이 더 뛰어난 것으로 보인다. 인간의 뇌는 때때로 컴퓨터도 이해할 수 없는 아이디어를 만들어낸다. 창조성은 인간에게 주어진 특별한 재능이라고 할 수 있다. 다만 언젠가는 창조성조차 AI에게 맡기게 될지도 모른다.

컴퓨터 분야에도 인간의 창조성을 모방하는 인공 창조성이 있다. 그 보기가 AGI라고 하는 범용 인공 지능 Artificial General Intelligence이다. 이는 특정 문제 해결 장치라는 기능에서 해방되어 답이 없는 문제를 자유롭게 생각할 수 있는 AI를 말한다.

인공 창조성은 현대 사회에 널리 보급된 예측 최적화나 수렴적 사고를 대행하는 AI에 비해 비교적 새로운 분야로, 현재 전 세계의 수많은 연구자가 개발에 몰두하고 있다. 그러므로 컴퓨터와 인간의 뇌를 지능과 창조성이라는 관점에서 비교했을 때 적어도 창조성은 아직 인간의 뇌가 AI보다 더 뛰어나다고 할 수 있다.

진정으로 인간 수준의 창조성을 발휘하는 컴퓨터를 개발하려면 먼저 신비한 인간의 뇌를 완벽히 이해해야 하는데, 이것은 먼 미래에나 실현될 것으로 보인다.

수렴적 사고에만
집중해서는 안 된다

○ 기능적 고착에서 벗어나라

지금부터는 AI와 협동하는 시대에 중요한 인간의 특성을 살리는 것에 관한 이야기다. 대략 정리해보자면 AI는 효율화와 최적화, 수렴적 사고 등에 우월하며, 인간은 참신성, 확산적 사고 등에 강점이 있다. 또한 인간은 수렴적 사고와 확산적 사고라는 두 가지 사고의 흔들림을 통해 AI가 예측할 수 없는 창조적인 것과 예술성 또한 만들어낼 수 있다. AI보다 인간이 우위에 서는 부분이 창조성이기 때문이다.

그렇다면 인간의 가장 큰 장점인 창조성을 키우려면 어떻게 해야 할까?

먼저 창조성을 해치는 게 무엇인지 깨닫는 것이 중요하다. 창조성을 방해하는 것으로 기능적 고착functional fixedness이 있다. 이는 대상이나 물건을 기존에 사용해오던 방식으로만 사용하도록 한정해서 새로운 발상을 도입하기가 어려워지는 인지 편향 현상을 말한다.

인간은 일반적으로 경험과 함께 지식이나 현명함을 터득한다. 경험을 바탕으로 온갖 문제 상황을 사전에 예측하고, 그것이 실제로 일어나면 적절하고 효율적으로 대처한다. 경험을 통해 적합한 판단이나 행동을 할 수 있는 셈이다.

그러나 한편으로는 자신의 지식이나 사회적 상식에 강하게 얽매여 점점 새로운 생각을 받아들이기가 어려워진다. 의식적으로든 무의식적으로든 스스로 제약을 만들고 사고방식이 경직되어 고정관념이 생긴다. 이런 현상이 바로 기능적 고착이다.

기능적 고착은 확산적 사고에 비해 수렴적 사고가 지나치게 강한 상태로, 개성을 없애고 창조성을 방해한다. 창조적인 발상을 하기 위해서는 지식이나 경험에서 생성된 기능적 고착으로부터 자신을 의식적으로 해방시켜야 한다.

○ 나와 다른 유형의 사람과 함께 어울리자

그렇다면 어떻게 해야 기능적 고착에 얽매이지 않을까? 그 방법의 하나로 어느 쪽을 선택할지 망설여진다면 일단 자신과 다른 의견을 가진 사람 곁에 있어 보는 것이다. 자신과 의견이나 유형이 다른 사람과 함께 있으면 자신이 고정 관념에 얽매여 있다는 걸 쉽게 깨달을 수 있어 나와 다른 사고방식이나 시각을 배울 수 있다. 그러면 기능적 고착에서 해방되어 이전보다 성장할 수 있을 것이다.

다만 자신과 의견이나 유형이 다른 사람과 계속 어울리다 보면 스트레스가 커지는 측면도 있다. 나와 맞지 않는 사람에게는 가까이 다가가지 않는 것이 서로에게 좋은 면도 있으므로 사람에 따라서는 위의 방법이 적합하지 않을 수도 있다.

○ 갓난아기는 좋은 본보기다

이러한 기능적 고착에서 해방되어 창조성을 높이기 위한 좋은 본보기는 또 있다. 갓난아기나 어린이를 보자. 어른은 아이보다 경험이 풍부하기에 과거를 바탕으로 여러 가지를 예측할 수 있다. 그러나 예측할 수 있기에 이전의 체험이 의사결정에 커다란 영향을 미친다. 잘 모르는 것보다는 과거에 성공했던 경험과 비슷한 선택을 하는 것이다.

한편 갓난아기나 어린아이는 어른과 반대로 새로운 것을 좋아한다. 특히 갓난아기의 뇌는 아무런 지식이 없는 깨끗한 상태이기 때문에 사회 환경에 순응해 나가려면 되도록 많은 정보를 받아들여 학습할 필요가 있다. 또한 갓난아기에게는 모든 정보가 신선한 까닭에 정보 간의 차별이나 편견, 선입견 같은 것이 거의 없다. 그때의 흥미에 의존해 행동이 좌우되는 것이다.

우리는 어른이 되면서 여러 가지 지식을 받아들일 때 자신의 느낌과 판단에 따라 정말로 필요한 정보만을 선택하려 한다. 이때부터 취향과 인격이 형성되며, 자신다움이나 개성이 드러나게 된다. 이런 정보의 선택은 불필요한 에너지를 소비하지 않게 함으로써 뇌의 처리 효율을 높여주지만, 반대로 새로운 정보나 지식 그리고 가능성의 폭을 좁히는 결과로도 이어진다. 익숙한 것, 친근감 있는 것에만 관심을 두게 되면 평생 자신이 알고 있는 자신다움의 폭을 넓힐 수 없다.

사람은 알 수 없는 불확실한 것을 접했을 때 그것이 일정 수준을 충족하면 신선한 감동이나 기쁨을 느낀다. 이것이 무엇인지 알고 싶어 하는 지적 호기심으로 바뀌는 것이다. 그리고 항상 새로운 것에 관심을 두는 습관을 들임으로써 탐구를 지속하게 된다. 이런 감성은 어릴 때 특히 강하기 때문에 갓난아기나 어린아이의 행동은 늘 창조성으로 넘쳐나게 된다.

그러나 어른이 되어 감에 따라 여러 가지를 경험하면서 온갖 문제에 대한 최적의 해결법을 터득하게 되면 틀릴 위험성이 적고 해결 과정이 효율적인 행동만 하려고 한다. 그 결과 기능적 고착에 빠지게 된다. 효율성이나 논리, 수렴적 사고는 물론 살아가는 데 중요하지만, 그것만으로는 AI와 차별화될 수 없다. 인간만의 특성을 살린다고 할 수 없는 것이다. 결국 창조성을 높이려면 그와 상반되는 비효율성이나 직감, 확산적 사고 또한 매우 중요하다.

문제를 해결하려고 할 때 자신도 모르게 경험에 얽매이거나 열심히 궁리해도 창조적인 아이디어가 떠오르지 않는다면, 갓난아기와 어린아이가 어떻게 문제에 도전하는지를 잘 관찰해보자. 그러다가 의외의 실마리를 찾게 될지도 모른다.

확산적 사고에
좀 더 주목해야 하는 이유

○ 핀란드 교육은 뭐가 다를까

인간의 특기를 살리고 창의성을 높이는 방법을 하나 더 소개하겠다. 최근 들어 세계 각국에 도입되기 시작한 창조성 중심 교육이다. 창의력 교육은 단순히 교과서에 있는 지식을 주입하는 것이 아니라 지식과 지식을 연결해 새로운 안목을 만들어내는 발상과 창조성을 중시하는 교육이다. 이를테면 문제 해결의 선택지를 많이 준다거나 문제 자체를 주지 않고 아이들이 직접 문제를 찾아내도록 하는 방식이 창의성을 높인다고 본다.

핀란드는 창의성 교육의 선진국으로 일반 학력이 다른 나라보다 높은 것으로 알려져 있다. 국제학업성취도평가PISA에서도 핀란드는 항상 상위권에 있으며, 독해력의 경우 2000년과 2003년에 세계 1위를 달성했다. 핀란드 교육은 대체 뭐가 다른 걸까?

수년 전 영국 옥스퍼드대학교에서 연구원으로 일하고 있었을 때 나의 상사도 핀란드인이었다. 당시 그의 가족과 종종 저녁 식사를 하고 주말에 공원에서 함께 즐기기도 했다. 그때마다 상사가 아이를 대하는 태도를 유심히 보게 되었고, 핀란드 부모의 교육 방식을 이해할 수 있었다.

핀란드 부모가 자식을 대하는 방식은 우리가 아는 일반적인 방식과는 달랐다. 아이가 짓궂은 장난을 치거나 낙서를 해도 자유롭게 내버려뒀는데, 무엇보다도 아이의 호기심이나 흥미, 관심을 중요하게 여기는 것이었다. 그 모습은 곁에서 지켜보는 내가 더 조마조마할 정도였다. 대부분의 경우 부모가 아이에게 엄하게 주의를 주거나 혼냈을 것이다.

그런 모습을 보면서 내가 느낀 핀란드 교육의 특징은 우리처럼 지식을 주입하려는 게 아니라 계속 공부하기 위한 능력을 키우고 의지를 북돋아 주려는 것이었다. 일반적인 교육 방식은 주로 교사가 중심이 되어 수업 시간에 학생에게 지식을 전달한다. 그러나 모바일과 AI가 발달한 현대 사회에는 지식이 순식간에 진부해질 수밖에 없다.

앞으로의 사회에서는 무작정 지식을 축적하기보다 자신의 머리로 새롭고 혁신적인 발상을 해야 할 것이다. 이를 위해서는 교사가 전달한 지식을 수동적으로 배우는 데 그치지 않고 그 지식을 바탕으로 직접 창조적인 것을 만들려는 자세가 매우 중요하다.

◉ 중요한 것은 배우는 기쁨이다

지식 중심의 교육은 수렴적 사고를 중시하는 것이다. 한편 창조적인 것을 만들어내는 교육은 확산적 사고와 수렴적 사고의 흔들림을 중시한다. 그리고 이 확산적 사고나 수렴적 사고의 흔들림에 중요한 것은 의욕이다.

제3장에서도 이야기했듯이 뇌는 불확실성이 높은 정보에서 기쁨(보상)을 느낀다. 이것을 흥미 또는 지적 호기심이자 내재적 동기라고 한다. 계속해서 공부하기 위해서는 이 내재적 동기가 있어야 한다. 흥미나 지적 호기심 같은 배우는 기쁨을 알아야 포기하지 않고 공부를 계속할 수 있는 법이다.

편찻값을 높여서 좋은 대학교에 들어가기 위해 열심히 공부하는 행위는 외재적 동기를 유발하기 쉬운 것으로 알려져 있다. 우리 교육에서는 수업 시간에 교사가 전달한 지식을 얼마나 외웠는지를 시험 등의 형태로 평가하고, 점수가 높은 학생이 우수하다고 여긴다. 또한 시험의 평균 점수를 기반으로 편찻값을 계산해서 학생 한 명 한 명에게 자신이 평균보다 얼마나 위인지 혹은 아래인지를 알려준다.

그러면 점수가 평균보다 낮은 학생은 열심히 공부해서 평균점수 이상으로 받으려 노력하고, 점수가 높은 학생은 1등을 목표로 더욱 열심히 공부하려 한다. 이것이 사회에 진출한 뒤에도 계속되면 실적이나 매출액을 평균보다 높이기 위해 노력하게 될 것이다.

교육에 따라 경쟁하는 대상도 다르다. 평균이나 편찻값을 기준으로 삼는 교육은 다른 사람과의 비교로 성립한다. 그래서 라이벌은 자신 이외의 상대(타인)가 된다. 남보다 뛰어나다는 것은 멋진 일이기는 하지만, 그것이 반드시 자신이 뛰어나다는 걸 의미하지는 않는다. 어디까지나 타인과 비교했을 때의 이야기다.

핀란드에서 실시하는 창조성 교육에서 경쟁 대상은 자신이다. 교실에 급우들이 있든 그들과 함께 문제 해결에 힘쓰든 라이벌은 자기 자신이다. 자신을 라이벌로 여기면서 계속 공부하는 것이다.

새로운 발상이나 혁신적인 발견을 하기 위한 능력을 키우기 위해서는 자신을 라이벌로 삼으면서 배우는 기쁨(내재적 동기)을 알아야 한다. 다른 사람보다 점수가 높다고 한들 배우는 기쁨을 모른다면 의미가 없다. 배우는 기쁨을 알면 상대와 자기 능력을 비교하지 않아도 자신만의 개성으로 창조성을 발휘할 수 있게 될 것이다.

문제 해결 능력은 곧 문제를 만드는 능력을 말하기도 한다. 과제를 주고 문제를 해결하는 과정에서 인간만의 고유 역량을 개발하는 것이다. AI가 잘하는 지식 기반 학습이 아니라 인간의 내적 능력 자체를 끌어올리는 것이다. 이처럼 인공지능 시대에 부상하는 것은 인간의 고유 역량, 즉 자연 지능의 회복과 계발일 것이다.

흔들림은
자신만의 것

◉ 모두가 자신만의 길을 개척하고 있다

이번에는 뉴욕대학교의 카렌 아돌프와 동료들이 실시한 연구에서 밝혀진 흥미로운 결과를 소개하겠다.

수십 년이라는 세월 동안 우리 인간은 갓난아기가 어떤 일정한 과정을 거쳐서 기어가기 시작하고 일어서게 되며 걸음마를 시작한다고 믿어왔다. 그리고 그런 과정을 거치지 않는 아기는 성장 과정에 어떤 문제(신체적인 면 등)가 있을지 모른다고 생각해왔다.

카렌 아돌프와 연구팀은 이런 인식에 의문을 품고, 개개인에 따라 성장 방식에 어느 정도의 차이가 있으며 그 주된 요인이 무엇인지를 주제로 조사했다. 유아 28명을 대상으로 기어다니기 시작해서 걷게 되기까지 어떤 과정을 거치는지 장기적으로 검증한 것이다.

그 결과, 아기가 기어가기를 시작하기 전부터 걷기를 시작하기까지 거치는 과정은 한 가지가 아니라 스무 가지가 넘는다는 사실을 알게 되었다. 어떤 아기는 손과 무릎을 사용해 기어 다니기 전부터 이미 배를 사용해 기어 다니기도 했고, 또 다른 아기는 배로 기어 다니는 기간을 건너뛰고 곧바로 손과 무릎을 사용해 기어가기 시작했다.

여기에서 중요한 사실은 어떤 과정을 거치든 결국에는 모두가 똑같이 걸을 수 있게 되었다는 것이다. 아기는 걸을 수 있게 되기까지 모두 자기 나름의 개성 있는 방법을 시도했다. 그리고 어떤 방법을 시도하든 최종 목적지(걷기)에 도달했다.

목적지에 도달하기 위한 개개인의 과정과 경로는 다르지만 모두가 옳다고 할 수 있다. 자신에게 최적의 방법이기 때문이다. 오히려 다른 사람이 성공한 방식을 강요하면 멀리 돌아가게 되거나 목적지에 도달하지 못할 수도 있다.

● 왕도가 아니어도 괜찮다

목적지로 가는 길은 스스로 고민한 방법과 자신의 개성을 바탕으로 결정되어야 한다. 어떤 분야든 특별한 능력이나 기술을 익히기 위해 일종의 매뉴얼인 골드 스탠더드(왕도)가 존재하기 마련이다. 이를테면 '피아노를 배우고 싶다면 바이올린부터 시작하라' '학문의 길로 나아가고 싶다면 대학원에 진학하라' 같은 것이다. 우리는 이런 매뉴얼을 다양한 상황에서 배우게 되는데, 이것을 상식이라고 바꿔 불러도 무방할 것이다.

교육 제도 안에서 우리는 모두가 같은 교과 과정에 따라 수업을 받는다. 학습 내용, 수업 시간, 재학 기간은 어떤 학교든 유사하다. 개개인의 개성이 어떻든 그렇게 정해져 있는 경우가 대부분이다. 그 결과 같은 나이대의 학생들은 동일한 지식을 익힌 채 의무 교육을 마친다.

이런 과정은 사회로 진출한 뒤에도 존재한다. 소위 말하는 일류 대학에서 일류 기업으로, 과장에서 부장으로 가는 길이다. 그리고 그 코스에서 벗어나면 인생이 망한 것 같은 고정관념에 사로잡히기도 한다. 아이가 또래에 비해 늦게 걸음마를 시작하거나 동료가 자신보다 일찍 승진하면 나만 뒤처진 것 같은 기분이 드는 것이다.

하지만 주위 사람들의 눈에는 그런 코스를 밟아온 것처럼 보이는 사람도 사실은 본인이 깨닫고 있든 그렇지 못하든 모두 개성 있는 길을 걸어 온 끝에 지금에 이른 것이다. 인생의 어떤 면에서든, 설령 목적지가 같다고 해도 그곳에 도달하기 위한 경로는 한 가지가 아니다. 시행착오를 거듭하면서 스스로 수렴과 확산을 반복하는 가운데 그 흔들림 속에서 찾아낸 나만의 방식이 가장 좋은 길이다.

๐ 학위는 창조성과 연관이 없다

음악가 타케미츠 토오루의 발자취를 보자. 서양 클래식과 동양 악기를 결합하려 시도하였고, 교과서에도 실릴 정도로 유명한 그는 수많은 음악가가 거쳐온 과정인 음악 학교를 졸업하지 않았다. 흔히 말하는 왕도를 걸어온 사람이 아닌 것이다. 그의 작곡 테크닉은 거의 독학으로 완성되었다. 음악가가 되고자 일본 최고의 음악대학으로 꼽히는 도쿄예술대학교 작곡과에 입학하려 했지만, 시험장에서 작곡하는 데 학력은 아무 상관이 없다는 생각이 들어 결국 시험을 보지 않았다고 한다.

이것은 전혀 이상한 일이 아니다. 그는 이름이 알려진 음악대학을 졸업한 사람이 되고 싶었던 게 아니라 그저 작곡가가 되고 싶었을 뿐이다. 이후 그는 수많은 곡을 만들었고, 일본 악기를 오케스트라에 도입한다는 그 누구도 해본 적이 없었던 시도를 한 '노벰버 스텝스November Steps'로 일본을 대표하는 현대 음악가가 되었다.

○ 건축은 음악과 통한다

자신이 가고자 하는 길을 개성 있게 걸어간 인물을 또 한 명 소개하겠다. 루마니아 태생의 그리스 작곡가 이안니스 크세나키스Iannis Xenakis다. 그 또한 매우 흥미로운 인생을 살았다. 그는 본래 건축가였다. 건축과 음악은 이과와 예술, 형태가 있는 것과 없는 것 등 서로 유사성이 적은 분야다. 그러나 크세나키스는 건축에서 배운 수학의 노하우를 적용해 멋진 음악을 많이 만들어냈다.

그가 만약 건축의 길을 걷지 않고 어렸을 때부터 음악만을 공부했다면 어떻게 되었을까? 지금과 같은 음악은 존재하지 않았을지도 모른다. 언뜻 멀리 돌아가는 것처럼 생각되는 길이 진정한 왕도일 수도 있다는 걸 보여주는 좋은 사례다.

· 크세나키스의 사이클 ·

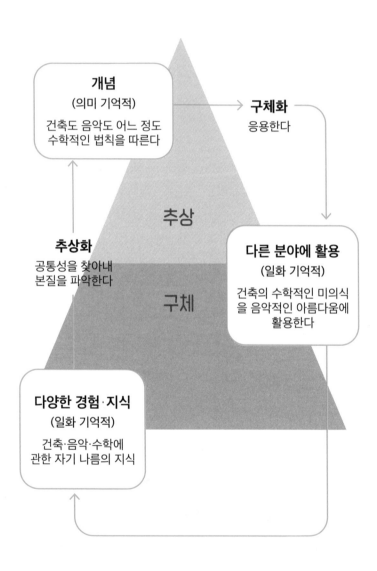

개념
(의미 기억적)
건축도 음악도 어느 정도
수학적인 법칙을 따른다

구체화
응용한다

추상

추상화
공통성을 찾아내
본질을 파악한다

다른 분야에 활용
(일화 기억적)
건축의 수학적인 미의식
을 음악적인 아름다움에
활용한다

구체

다양한 경험·지식
(일화 기억적)
건축·음악·수학에
관한 자기 나름의 지식

크세나키스는 왜 건축의 노하우를 음악에 활용한 걸까? 이에 대한 해답으로 제시할 수 있는 개념이 바로 사고의 추상화와 구체화의 연쇄, 즉 추상적 사고와 구체적 사고가 연결되어 순환하고 있다는 것이다. 크세나키스는 스승인 올리비에 메시앙의 조언을 듣고 건축과 음악에 접점이 되는 개념이 무엇일지 모색한 끝에 그것은 수학이라는 결론을 내렸다고 한다(일반화·추상화). 그리고 건축의 수학적인 아름다움을 음악의 아름다움에 활용한 것이다(구체화·특수화).

이처럼 자신이 얻은 경험이나 지식으로부터 공통점을 찾아내고 그 본질을 파악해 추상화(일반화)하면 다른 분야에서 구체화(특수화)해 응용할 수 있게 된다.

○ 자신이 생각하는 길이 곧 왕도다

사람이 살다 보면 크든 작든 어떤 목표가 생기게 된다. 그 목표는 살아가는 이유가 되어 인생을 풍요롭게 만들어준다. 이때 우리는 자신이 확실하다고 생각하는 방법으로 목표를 달성하려 한다. 물론 확신하는 방법으로 목표를 달성하려는 것 자체는 전혀 문제가 되지 않는다. 다만 그것이 오히려 결과적으로 멀리 돌아가는 길인 경우가 종종 있다.

예술가가 되고 싶다는 목표로 예술을 배우러 진학한다면 분명히 좋은 스승에게 배울 수 있을 것이다. 그러나 예술 학교에 진학하지 않는다고 해서 예술가가 될 수 없는 것은 아니다. 반대로 예술 학교를 졸업했다고 해서 예술가로 살아갈 수 있는 것도 아니다. 이건 누구나 알고 있다. 예술가가 되고 싶다는 꿈을 이루기 위해 지름길이라고 생각되는 예술 학교에 진학했더라도 그것이 그 사람에게 맞는 방법이 아닐 수 있다.

이상적인 인물을 멘토로 정해 나도 무언가를 하고 싶다든가 누구처럼 되고 싶다고 생각해도, 그 무엇(예술)은 다른 사람이 정한 정의에 불과할 뿐 지구에 보편적으로 존재하는 게 아니다. 뜬구름처럼 모호하고 실체가 없는 것이라고 할 수 있다. 누구처럼 되고 싶다고 해도, 당연한 말이지만 그 인물과 똑같이 될 수는 없다. 어디까지나 나는 나인 것이다.

본래 자신이 생각했던 길이 진정한 왕도다. 그 길을 걸을 때 비로소 자신도 몰랐던 독창성이나 개성, 재능이 탄생하는 것이 아닐까?

나만의 개성이란
무엇일까

○ 결점과 결함도 개성이다

마지막으로 개성에 관해 다시 한번 이야기하고 이 책을 마무리
하려 한다.

"개성이 존재하기 위해서는 결점이 필요하다."

독일을 대표하는 시인인 요한 볼프강 폰 괴테가 남긴 말이다.

사람은 누구나 자신만의 개성을 갖고 있다. 개성은 어떤 상황
에서는 단점이 되지만 다른 상황에서는 장점이 될 수 있다. 바
라보는 관점에 따라 선악이나 좋고 나쁨이 달라질 때가 있듯이,

개성도 관점에 따라 평가가 달라지기도 한다. 현재의 환경이나 사회에는 적합하지 않더라도 다른 나라에서는 매우 잘 맞고 귀중한 개성인 경우가 종종 있다. 이를테면 자기주장이 강하다거나 상식과 다르게 행동하는 것은 대부분 사회에서는 나쁜 개성으로 여겨지지만, 환경에 따라 어떤 곳에서는 종종 좋게 평가되기도 한다.

개성에는 좋다거나 나쁘다거나 하는 보편적인 가치가 존재하지 않는다. 그저 다른 사람과 다른 무언가일 뿐이다. 그래서 지나치게 사회 환경에 순응하지 않거나 주위 사람들에게 받아들여지지 못하는 특성이 있을 때 나쁜 개성이라 남들에게 비판받게 되곤 한다.

클래식 피아노 역사에서 가장 개성적인 재능을 갖고 있다고 평가되는 피아니스트인 글렌 굴드Glenn Gould는 연주뿐만 아니라 성격이나 습관도 매우 독특했다고 한다. 그는 클래식계의 이단아로 불리며 현재까지도 전 세계의 연주가와 청취자들에게 영향을 끼치고 있다. 특히 바흐의 건반 작품에 관한 그의 대담하고 개성적인 해석과 연주는 그야말로 독보적이다. 굴드처럼 언뜻 남들과 다른 개성은 어떤 곳에서는 결점으로 보여도 다른 곳에서는 재능이 될 수 있다. 만약 주위 사람들이 굴드만의 특별한 개성을 강제로 교정했다면 그의 재능은 꽃을 피우지 못했을

것이다. 그 결과 우리는 그의 놀라운 음악을 들을 수 없었을지
도 모른다.

◉ 이 세상에 평균인 사람은 존재하지 않는다

1940년대 말 미국 공군은 비행기를 제어하지 못해 추락으로 이
어지는 중대한 문제로 고민하고 있었다. 조사를 거듭해도 파일
럿의 조종 기술에는 문제가 없었고, 그렇다고 비행기에서 문제
가 발견되지도 않았다. 왜 사고가 일어나는지 그 이유를 알 수
가 없었다. 이에 하버드대학교에서 생체 구조를 연구하던 길버
트 대니얼스가 알 수 없는 문제를 해결하기 위해 도전했다.

　당시 미국 공군은 비행기 조종석을 파일럿의 평균 체형에 맞
춰서 설계했다. 그것이 많은 파일럿에게 가장 이상적일 것이라
고 믿었기 때문이다. 하지만 대니얼스는 이 '평균에 맞춘다'라
는 발상에 의문을 품었다. 평균에 해당하지 않는 파일럿에게는
이상적이지 않다고 생각했기 때문이다. 그래서 평균 체형에 해
당하지 않는 파일럿이 얼마나 되는지를 조사했고, 충격적인 결
과를 얻었다. 놀랍게도 평균 체격에 해당하는 파일럿은 단 한
명도 없었던 것이다.

이것은 파일럿의 평균 체형에 맞춰 조종석을 설계했지만 결과적으로 누구에게도 맞지 않는 것이었음을 의미했다. 이 조사를 계기로 평균적인 인간 대신 조종사가 자기 신체에 맞춰 운전석을 조절할 수 있게 하였고, 이는 설계 철학의 큰 진전으로 평가받고 있다.

우리는 어떤 일반론을 이야기할 때 다수의 평균값을 산출한 다음 이 값을 바탕으로 '보통은 ~이다'라고 논하는 경우가 많다. 보통 그런 행동을 하지 않는다, 보통은 손에 닿는 거리다, 보통은 넘어지지 않도록 조심한다 등 다양한 상황에서 보통이라는 말로 일반론을 전개한다. 그러나 지금까지 이 보통이라는 개념, 이른바 평균에 대한 맹신이 커다란 사고나 실패로 이어져 왔음을 알고 있다.

대니얼스의 조사 결과가 말해주듯이 본래 평균적인 사람은 이 세상에 존재하지 않는다. 누구나 팔이 조금 길다거나 얼굴이 갸름하든가 평균과 다른 부분이 있으며 성격이나 기질도 다르다. 그런 다양한 개성을 지닌 사람을 모아 놓고 평균을 구하면 개개인의 개성은 사라지고 중간값만 남을 뿐이다. 평균을 구하는 것은 한 사람 한 사람이 지닌 개성을 배제하는 것이라고 할 수 있다.

대니얼스의 조사 이후 개개인의 체격에 맞춰 조종석을 설계

하는 시스템을 도입하자 파일럿의 비행 기술은 비약적으로 향상되었고 미국 공군은 세계 최고로 평가받기에 이르렀다. 이것은 개인을 시스템에 맞추던 기존의 방식에서 시스템을 개인에게 맞추는 새로운 방식으로 바꾸기만 해도 좋은 결과를 가져온다는 사실을 보여주는 사례가 아닐까 싶다.

● 재능과 개성을 이해하는 사회로

인간은 모두가 각기 다른 개성을 지니고 있다. 그리고 저마다의 개성이 사회에서 어울리고 서로 관계함으로써 혼자서는 만들 수 없었던 물건도 만들어낼 수 있게 되었다. 만약 모두가 동일한 사람이고 같은 미래를 걷는다면 다양한 사회도 존재하지 않았을 것이다.

그런데도 평균이라는 개념은 개인을 평가하는 잣대로 우리의 마음속에 여전히 깊숙이 각인되어 있다. 평균에 집착하지 말고 조금이라도 개인이 지닌 특성에 주목할 때 오히려 좋은 결과가 나오며 살기 좋은 사회로 바뀌지 않을까?

앞서 소개한 피아니스트 글렌 굴드는 혼자 방에 틀어박혀 작업하기 좋아하고 타인과 접촉하기를 꺼리는 사람이었다고 한다.

사교 모임에서는 이런 특성이 결점으로 보일 수도 있다. 그러나 굴드와 반대 유형의 사람, 즉 타인과 접촉하기를 좋아하는 사람에게 일주일 이상 누구와도 이야기하지 않고 좁은 공간에 틀어박혀 작업하도록 한다면 그 또한 괴로울 것이다.

나의 가치관만으로 상대방의 개성을 판단한다면 자신과 다른 개성이 결점으로 보이게 될 것이고, 그 개성을 바꾸고 싶은 마음이 생길 수 있다. 이것은 어떤 의미에서 어쩔 수 없는 측면도 있다. 우리 인간은 생물종으로서는 약한 존재이지만 사회성을 고도로 발달시킴으로써 생존 경쟁에서 살아남아 왔다. 따라서 사회 집단으로부터 소외되지 않도록 행동하는 것을 중시하는 경향이 있다. 그러나 이것이 지속되면 모두가 똑같이 개성 없는 사회가 되어 획기적인 발명이나 독창적인 예술이 탄생하기가 어려워질 것이다.

개성을 이해하고 존중하는 것은 사회 발전에 매우 중요한 일이다. 개성이 있기에 재능이 있다고 단정해서는 안 되지만, 특별한 재능 자체가 그 사람이 가진 개성임에는 틀림 없다. 중요한 것은 다양한 개성을 인정하는 사회와 각자의 개성을 어떤 곳에서 어떻게 살릴지 스스로 생각해보는 일이 아닐까?

참고문헌

[제1장]

1. Perruchet, P. & Pacton, S(2006), Implicit learning and statistical learning: one phenomenon, two approaches, Trends Cogn. Sci. 10, pp.233–238.

2. Teinonen, T., Fellman, V., Näätänen, R., Alku, P. & Huotilainen, M(2009), Statistical language learning in neonates revealed by event-related brain potentials, BMC Neurosci. 10, p.21.

3. Bosseler, A. N., Teinonen, T., Tervaniemi, M. & Huotilainen, M(2016), Infant directed speech enhances statistical learning in newborn infants: an ERP study, PLoS One 11, e0162177.

4. Saffran, J. R. et al(2007), Grammatical pattern learning by human infants and cotton-top tamarin monkeys, Cognition 107, pp.479–500.

5. Lu, K. & Vicario, D. S(2014), Statistical learning of recurring sound patterns encodes auditory objects in songbird forebrain, Proc. Natl. Acad. Sci. USA. 111, pp.14553–14558.

6. Toro, J.M., Trobalón, J.B(2005), Statistical computations over a speech stream in a rodent, Perception & Psychophysics 67, pp.867–875.

7. Siegelman, N. & Frost, R(2015), Statistical learning as an individual ability: Theoretical perspectives and empirical evidence, J. Mem. Lang. 81, pp.105-120.

8. Saffran, J. R., Aslin, R. N., & Newport, E. L(1996), Statistical learning by 8-month-old infants, Science. 274, pp.1926–1928.

9. Nastase, S., Iacovella, V. & Hasson, U(2014), Uncertainty in visual and auditory series is coded by modality-general and modality-specific neural systems, Hum. Brain Mapp. 35, pp.1111–1128.

10. Hasson, U(2017), The neurobiology of uncertainty: implications for statistical learning, Philos. Trans. R. Soc. Lond. B. Biol. Sci. 372, p.20160048.

11. Pearce, M. T. & Wiggins, G. A(2012), Auditory expectation: the information dynamics of music perception and cognition, Top. Cogn. Sci. 4, pp.625–652.

12. Harrison, L. M., Duggins, A. & Friston, K. J(2006), Encoding uncertainty in the hippocampus, Neural Netw. 19, pp.535–546.

13. Daikoku, T(2018), Neurophysiological markers of statistical learning in music and language: hierarchy, entropy, and uncertainty, Brain Sci. 8, p.114.

14. Daikoku, T., Okano, T. & Yumoto, M(2017), Relative difficulty of auditory statistical learning based on tone transition diversity modulates chunk length in the learning strategy, In Proceedings of the Biomagnetic, Proc. Biomagn, p.75.

15. Diekelmann, S. & Born, J(2010), The memory function of sleep, Nat. Rev. Neurosci. 11, pp.114–126.

16. Durrant, S. J., Cairney, S. A., & Lewis, P. A(2013), Overnight consolidation aids the transfer of statistical knowledge from the medial temporal lobe to the striatum, Cerebral Cortex. 23, pp.2467–2478.

17. Durrant, S. J., Taylor, C., Cairney, S., & Lewis, P. A(2011), Sleep-dependent consolidation of statistical learning, Neuropsychologia. 49(5), pp.1322–1331.

18. Friston, K(2010), The free-energy principle: a unified brain theory?, Nat. Rev. Neurosci. 11, pp.127–138.

[제2장]

1. Saffran, J. R., Aslin, R. N., & Newport, E. L(1996), Statistical learning by 8-month-old infants, Science. 274, pp.1926–1928.

2. Teinonen, T., Fellman, V., Näätänen, R., Alku, P. & Huotilainen, M(2009), Statistical language learning in neonates revealed by event-related brain potentials, BMC Neurosci. 10, p.21.

3. Bosseler, A. N., Teinonen, T., Tervaniemi, M. & Huotilainen, M(2016), Infant directed speech enhances statistical learning in newborn infants: an ERP study, PLoS One 11, e0162177.

4. Perruchet, P. & Pacton, S(2006), Implicit learning and statistical learning: one phenomenon, two approaches, Trends Cogn. Sci. 10, pp.233–238.

5. Koelsch, S., Busch, T., Jentschke, S. & Rohrmeier, M(2016), Under the hood of statistical learning: A statistical MMN reflects the magnitude of transitional probabilities in auditory sequences, Sci Rep 6, p.19741.

6. Hamrick, P. & Rebuschat, P(2012), How implicit is statistical learning? Stat. Learn. Lang. Acquis, pp.365–382.

7. Daikoku, T., Wiggins, G. A., Nagai, Y(2021), Statistical Property of Musical Creativity: Roles of Hierarchy and Uncertainty of Statistical Learning, Front. Neurosci, accepted.

8. Monroy, C. D., Meyer, M., Schröer, L., Gerson, S. A. & Hunnius, S(2017) The infant motor system predicts actions based on visual statistical learning, Neuroimage 185, pp.947–954.

9. Cheung, V. K. M. et al(2019), Uncertainty and surprise jointly predict musical pleasure and amygdala, hippocampus, and auditory cortex activity, Curr. Biol. 29, pp.4084-4092.

10. Zioga, I., Harrison, P. M. C., Pearce, M. T., Bhattacharya, J. & Di Bernardi Luft, C(2019), From learning to creativity: Identifying the behavioural and neural correlates of learning to predict human judgements of musical creativity, Neuroimage 206, p.116311.

11. Sherman, B. E., Graves, K. N. & Turk-Browne, N. B(2020), The prevalence and importance of statistical learning in human cognition and behavior, Curr. Opin. Behav. Sci. 32, pp.15–20.

12. Cleeremans A(1996), Principles of Implicit Learning. In D. Berry(Ed.), How implicit is implicit learning?, Oxford: Oxford University Press. pp.196–234.

13. Tomblin, J. B., Mainela-Arnold, E. & Zhang, X(2007), Procedural learning in adolescents with and without specific language impairment, Lang. Learn. Dev. 3, pp.269–293.

14. Squire, L. R. & Zola, S. M(1996), Structure and function of declarative and nondeclarative memory systems, Proc. Natl. Acad. Sci. USA. 93, pp.13515-13522.

15. Daikoku, T(2020), Computational models and neural bases of statistical learning in music and language: comment on "creativity, information, and consciousness: The information dynamics of thinking" by Wiggins, Phys. Life Rev. 34-35, pp.48-51.

16. Thiessen, E. D., Kronstein, A. T. & Hufnagle, D. G(2013), The extraction and integration framework : a two-process account of statistical learning, Psychol Bull. 139, pp.792–814.

17. Altmann, G(2017), Abstraction and generalization in statistical learning: Implications for the relationship between semantic types and episodic tokens, Philos. Trans. R. Soc. B Biol. Sci. 372, p.20160060.

18. Daikoku, T(2021), Discovering the Neuroanatomical Correlates of Music with Machine Learning. In Eduardo Reck Miranda(Eds.), Handbook of Artificial Intelligence for Music, Springer press.

19. Daikoku, T(2018), Musical Creativity and Depth of Implicit Knowledge: Spectral and Temporal Individualities in Improvisation, Front. Comput. Neurosci. 12, pp.1–27.

20. Von Fange, E. K(1959), Professional Creativity, Prentice-Hall.

21. Lewis, P. A. & Durrant, S. J(2011), Overlapping memory replay during sleep builds cognitive schemata, Trends Cogn. Sci. 15, pp.343–351.

[제3장]

1. Sherman, B. E., Graves, K. N. & Turk-Browne, N. B(2020), The prevalence and importance of statistical learning in human cognition and behavior, Curr. Opin. Behav. Sci. 32, pp.15–20.

2. Monroy, C., Meyer, M., Gerson, S. & Hunnius, S(2017), Statistical learning in social action contexts, PLoS One 12, e0177261.

3. Batterink, L. J., Reber, P. J., Neville, H. J. & Paller, K.A(2015), Implicit and explicit contributions to statistical learning, J. Mem. Lang. 83, pp.62–78.

4. Daikoku, T(2018), Neurophysiological markers of statistical learning in music and language: hierarchy, entropy, and uncertainty, Brain Sci. 8, p.114.

5. Koelsch, S., Busch, T., Jentschke, S. & Rohrmeier, M(2016), Under the hood of statistical learning: a statistical MMN reflects the magnitude of transitional probabilities in auditory sequences, Sci. Rep. 6, p.19741.

6. Koelsch, S., Vuust, P. & Friston, K(2019), Predictive processes and the peculiar case of music, Trends Cogn. Sci. 23, pp.63–77.

7. Vuust, P., Dietz, M. J., Witek, M. & Kringelbach, M. L(2018), Now you hear it: a predictive coding model for understanding rhythmic incongruity, Ann. N. Y. Acad. Sci. 1423, pp.19–29.

8. Prabhu, V., Sutton, C. & Sauser, W(2008), Creativity and certain personality traits: understanding the mediating effect of intrinsic motivation, Creat. Res. J. 20, pp.53–66.

9. Deci, E. L(1972), The effects of contingent and noncontingent rewards and controls on intrinsic motivation, Organ. Behav. Hum. Perform. 8, pp.217–229.

[제4장]

1. Guilford, J(1967), The nature of human intelligence, McGraw-Hill.

2. White, H. A. & Shah, P(2005), Uninhibited imaginations: creativity in adults with Attention-Deficit/Hyperactivity Disorder, Pers. Individ. Dif. 40, pp.1121–1131.

3. Osborn, A(1963), Applied imagination: principles and procedures of creative thinking(3rd ed.), Charles Scribner's Sons.

4. Zabelina, D. L. & Andrews-Hanna, J. R(2016), Dynamic network interactions supporting internally-oriented cognition, Curr. Opin. Neurobiol. 40, pp.86–93.

5. Christoff, K., Gordon, A. M., Smallwood, J., Smith, R. & Schooler, J. W(2009), Experience sampling during fMRI reveals default network and executive system contributions to mind wandering, Proc. Natl. Acad. Sci. USA. 106, pp.8719–8724.

6. Mason, M. F. et al(2007), Wandering minds: the default network and stimulus-independent thought, Science. 315, pp.393–395.

7. Beaty, R. E., Benedek, M., Silvia, P. J. & Schacter, D. L(2016), Creative cognition and brain network dynamics, Trends Cogn. Sci. 20, pp.87–95.

8. Beaty, R. E. et al(2018), Robust prediction of individual creative ability from brain functional connectivity, Proc. Natl. Acad. Sci. USA. 115, pp.1087–1092.

9. Beaty, R. E., Benedek, M., Barry Kaufman, S. & Silvia, P. J(2015), Default and executive network coupling supports creative idea production, Sci. Rep. 5, p.10964.

10. Wallas, G(1926), The art of thought, Harcourt, Brace and Company.

11. Sio, U. & Ormerod, T(2009), Does incubation enhance problem solving? A meta-analytic review, Psychol. Bull. 135, pp.94–120.

12. Smallwood, J. & Schooler, J. W(2006), The restless mind, Psychol. Bull. 132, pp.946–958.

13. Baird, B. et al(2012), Inspired by distraction: mind wandering facilitates creative incubation, Psychol. Sci. 23, pp.1117–1122.

14. Oppezzo, M. & Schwartz, D. L(2014), Give your ideas some legs: the positive effect of walking on creative thinking, J. Exp. Psychol. Learn. Mem. Cogn. 40, pp.1142–1152.

15. Diekelmann, S. & Born, J(2010), The memory function of sleep, Nat. Rev. Neurosci. 11, pp.114–126.

16. Best, C., Arora, S., Porter, F. & Doherty, M(2015), The relationship between subthreshold autistic traits, ambiguous figure perception and divergent thinking, J. Autism Dev. Disord. 45, pp.4064–4073.

|제5장|

1. Nickerson, R. S(1998), Enhancing creativity: Handbook of creativity(ed. Sternberg, R. J.), Cambridge University Press, pp.392–430.

2. Azzam, A. M(2009), Why Creativity Now? A Conversation with Sir Ken Robinson, Educational leadership: journal of the Department of Supervision and Curriculum Development. N.E.A 67, pp.22–26.

3. Adolph, K. E., Vereijken, B. & Denny, M. A(1998), Learning to Crawl, Child. Dev. 69, pp.1299–1312.

우리 뇌는
어떻게 창조하는가

초판 1쇄 인쇄 2023년 8월 20일
초판 1쇄 발행 2023년 8월 30일

지은이 다이코쿠 다츠야
옮긴이 김정환
펴낸이 정용수

편집장 김민정   **편집** 김민혜
디자인 김민지
영업·마케팅 김상연 정경민
제작 김동명   **관리** 윤지연

펴낸곳 ㈜예문아카이브
출판등록 2016년 8월 8일 제2016-000240호
주소 서울시 마포구 동교로18길 10 2층
문의전화 02-2038-3372   **주문전화** 031-955-0550   **팩스** 031-955-0660
이메일 archive.rights@gmail.com   **홈페이지** ymarchive.com
인스타그램 yeamoon.arv

한국어판 출판권 © 예문아카이브, 2023
ISBN 979-11-6386-214-7 (03190)